Eva-Maria Kabisch

Literaturgeschichte kurzgefaßt

Ernst Klett Verlag

ISBN 3-12-350400-X

1. Auflage 1 7 6 5 4 3 | 1990 89 88 87 86

Alle Drucke dieser Auflage können im Unterricht nebeneinander benutzt werden. Die letzte Zahl bezeichnet das Jahr dieses Druckes.

Umschlag: Manfred Muraro.
Fotosatz: Setzerei Lihs, Ludwigsburg.
Druck: Industriedruck Rampf, Stuttgart.

Inhalt

Begriff

Beginn der geschichtlichen Epoche Mittelalter unterschiedlich angesetzt:
Kaiser Konstantin (Anfang 4. Jh. – das Christentum wird Staatsreligion),
germanische Völkerwanderung (375–568), Ende Westroms (476).
Kaiserkrönung Karls des Großen (800).
Ende: Untergang der Staufer (1268),
Reformation und Bauernkrieg (1517, 1525).
Beginn der literarischen Epoche Mittelalter begründet mit der ersten schriftlichen Überlieferung (schreibende Mönche) unter Karl dem Großen. Die Verbreitungsform Buchdruck (1455) im Vorfeld der Reformation beendet sie.

Historischer Hintergrund

Verbindung antiker und christlicher Herrschaftsvorstellung in Kaiser- und Reichsidee: 'politische Religiosität'.
Die Kirche ist Träger der Kultur und der Mission, aber auch politischer Macht: entscheidende Auseinandersetzung zwischen Papst und Kaiser im Investiturstreit (1075–1122).
Germanisch-stammesrechtliche neben römisch-kirchlichen Rechtsformen: Der Adel in den ererbten Herzogtümern steht der Ausdehnung königlicher Macht zunächst entgegen.
Hierarchische gesellschaftliche Ordnung (ordo): Lehenswesen als Dienst und Gegendienst von Lehnsherrn und Gefolgsmann; die Bauern sind ausgeschlossen. Verpflichtung zum Leben in der Gemeinschaft; Vereinzelung ist Strafe.
Beglaubigtes oder bezeugtes, gutes altes Recht gilt. Konkrete Rechtsvorstellungen (handveste = Urkunde), Erfüllung durch symbolischen Vollzug, z. B. Übergabe der Reichsinsignien bei der Krönung, Stabbrechen über den Verurteilten.

Germanische Frühzeit 4.–8. Jh.

Völkerwanderung, Reichsbildung der Germanen: Sagenstoffe der *Edda*, Götter- und Heldensagen, werden mündlich überliefert. Der burgundisch-fränkische *Nibelungen*stoff thematisiert die Zerstörung des Burgundenreiches durch die Hunnen unter Attila (Etzel), der ostgotische Sagenkreis um Dietrich von Bern die Kämpfe Theoderichs des Großen.

Werke

Althochdeutsche Stabreimdichtung: Hildebrandslied, Zaubersprüche

Frühes Mittelalter 750–1170

Geprägt durch die Regierung Karls des Großen und Künstler und Gelehrte an seinem Hof (z. B. Alkuin). Förderung der fränkischen Sprache. Klosterschulen als Kulturträger und Bildungsinstanz – 'karolingische Renaissance'. Einfluß der Kirchenreform des Klosters Cluny (910 gegründet).
Um 1025 mittellateinische Literatur, Übernahme antiker literarischer Kultur.
Seit etwa 1170 frühmittelhochdeutsche Dichtung.

Werke

Wessobrunner Gebet (770/90), Muspilli (Weltuntergangsdichtung Anfang des 9. Jh.s), Heliand (Leben Jesu, um 830 für die Mission geschrieben), Evangelienharmonie Otfrieds von Weißenburg (um 865; zum erstenmal Endreim).

768–814 Karl der Große (seit 800 Kaiser)
955 Abwehr der Ungarn durch Otto I.
10./11. Jh.: Kirchenreform, ausgehend vom Kloster Cluny
1152–1268 Stauferzeit

Hohes Mittelalter 1170–1270

Blütezeit mittelhochdeutscher Dichtung unter den Stauferkaisern Friedrich I. Barbarossa (1152–1190) und Friedrich II. (1215–1250), geprägt vom christlichen Rittertum.
Seit der Abwehr der Ungarn durch kaiserliche Reiterheere (955) wird das Rittertum führender weltlicher Stand mit fester Ordnung seines Waffendienstes. Eine aristokratische Kultur entsteht in scharfer Abgrenzung gegen Kleriker, Bauern und Handelsleute. Ritterliches Wesen wird zum Ideal, geprägt durch die Tugenden triuwe (Treue) und staete (Stetigkeit), hoher muot (Tapferkeit und Mut), zuht und mâze (Zucht und Selbstbeherrschung). Lebensziele sind Ansehen, ehrenvolle Bewährung und Gnade Gottes.
Mittelpunkt ritterlichen Lebens ist der Fürstenhof. Die aristokratische „hôveschheit“ steht in schroffem Gegensatz zur „dôrperie“, zu bäurischem Wesen. Der Ritter leistet: Herrendienst (Heeresfolge, Treue zu Reich und Krone), Gottesdienst (christliches Leben, Hilfe für Schwache, Kampf im Kreuzzug), Minnedienst (Verehrung der höfischen, meist unerreichbaren Frau).

Autoren und Werke

Heldenepos: Verserzählung von ritterlicher Bewährung in „aventiuren“ (Abenteuern).
Minnesang: Lieder der höfischen Ritter, Verehrung der adeligen Frau (frouwe).
Politische Spruchdichtung zu Konflikten zwischen Kaiser und Kirche (Walther von der Vogelweide).

Hartmann von Aue (1168–1220): ‚Erec‘: erster deutscher Artusroman.
Wolfram von Eschenbach (1170–1220): ‚Parzival‘: großes höfisches Epos, erzählt von der äußeren und inneren Entwicklung Parzivals zum Gralskönig.
Gottfried von Straßburg (12.–Anfang des 13. Jh.s): ‚Tristan und Isolde‘: um 1210 begonnen; wichtigster Liebesroman des Mittelalters.
Nibelungenlied: um 1200 in Österreich entstanden, verbindet Siegfried- und Burgundensage.
Walther von der Vogelweide (etwa 1170–1230), Lyriker und Spruchdichter, 1187–94 am Wiener Hof der Babenbergerherzöge. Seine Lieder der „ebenen Minne“ überwinden die ständischen Schranken, die für die hohe Minne gelten, z. B. bei Reinmar von Hagenau, dem Lehrer und Konkurrenten Walthers.

Spätes Mittelalter 1270–1500

Aufstieg des städtischen Bürgertums, Schwächung kaiserlicher Macht durch die Territorialfürsten. Ende der Ritterzeit, Auflösung der ständischen Ordnung u. a. durch Fehden. Die Pest 1350 führt zu religiöser Besinnung.

Autoren und Werke

Wernher der Gartenaere: ‚Meier Helmbrecht‘ (1250–80).
Meister Eckhart (1260–1327): mystisch-schwärmerische Schriften.
Oswald von Wolkenstein (um 1377–1445), der letzte ritterliche Minnesänger.
Passionsspiele, Vagantenlyrik, Schwänke, Meistersang.

Textbeispiel

Anfang des Nibelungenliedes

Uns ist in alten mæren wunders vil geseit
von heleden lobebæren, von grôzer arebeit,
von fröuden hôchgezîten von weinen und von klagen,
von küener recken strîten muget ír nu wunder hœren sagen.

Begriff

Renaissance (frz. = Wiedergeburt oder Wiedererwachen): europäische Bewegung der Wiederbelebung antiker Kunst und Gedanken seit 1350, ausgehend von Italien; als Epochenbegriff von Zeitgenossen nicht benutzt, statt dessen „reformatio“. Im 19. Jahrhundert wird der Begriff 'Renaissance' in der französischen Kunstgeschichtsbetrachtung gebraucht, dann übertragen auf die Literatur.
Humanismus: Rückbesinnung (im wesentlichen gelehrter Kreise) auf den Humanitas-Begriff der römischen Antike.

Historischer Hintergrund

Nach dem Fall Konstantinopels 1453 fliehen griechische Gelehrte nach Italien und verbreiten antike Wissenschaft und Kultur in Mitteleuropa. Fülle an naturwissenschaftlichen und technischen Erkenntnissen (*Galilei, Kepler; Böheim:* Globus, *Henlein:* Taschenuhr); es entsteht ein naturwissenschaftlich-mechanistischer Fortschrittsglauben.
Auflösung der mittelalterlich-ständischen Ordnung: Die Politik wird abhängig vom Geld bürgerlicher Kaufleute, der frühkapitalistischen Handelshäuser (Fugger, Welser). Suche nach neuen Handelswegen → 1492 Entdeckung Amerikas; Kopernikus: heliozentrisches Weltbild (statt des geozentrischen).
Wachsendes städtisch-bürgerliches Selbstbewußtsein; das kirchliche Bildungsmonopol wird durchbrochen. Luthers Reformation bringt eine geistige Erneuerung und einen Wandel der Sprache.

Tendenzen und Merkmale

Renaissance, Humanismus und Reformation entspringen der Sehnsucht des späten Mittelalters nach geistiger Erneuerung. Das Ideal höchster individueller Persönlichkeitsentfaltung nach antikem Vorbild wird angestrebt; eine Versöhnung von Antike und Christentum versucht.
Nebeneinander lateinischer und deutscher Schriften, viele Übersetzungen italienischer Texte ins Deutsche → Entwicklung eines neuen Prosastils.

Autoren und Werke

Sebastian Brant (1458–1521): Das Narrenschiff (1494).
Erasmus von Rotterdam (1466/69–1536), bedeutendster Humanist: ‚Lob der Torheit‘.
Ulrich von Hutten (1488–1523): neulateinische Prosadialoge, Dunkelmännerbriefe; berühmtes Gedicht: ‚Ich hab's gewagt!‘
Martin Luther (1483–1546): Reformationsschriften (1520/21): ‚An den christlichen Adel deutscher Nation‘, ‚Von der Freiheit eines Christenmenschen‘, ‚Von der babylonischen Gefangenschaft der Kirche‘. Ungeheure Wirkung. Versuch, den Institutionen der Kirche den einzelnen als Individuum unter göttlicher Gnade gegenüberzustellen (sola fide – Erlösung allein durch den Glauben!).

Bibelübersetzung

Martin Luther: ‚Sendbrief vom Dolmetschen‘ (1530), führt die Umgangssprache in die Literatur ein („den Leuten aufs Maul schauen!“). Luthers Bibelübersetzung (1534) ist ein entscheidender Beitrag zur Schaffung einer einheitlichen neuhochdeutschen Sprache.

1453 Einnahme Konstantinopels durch die Türken
1492 Entdeckung Amerikas durch Columbus
1517 Reformation Martin Luthers

Meistersang

Hans Sachs (1494–1576), Nürnberger Schuhmacher und Poet: Fastnachtsspiele. Vertreter des Meistersanges – von Zunfthandwerkern getragen – am Beginn städtisch-bürgerlicher Kultur. Handwerker und Landsknechte als Hauptgestalten; sein 'Knittelvers' wird von Goethe im ‚Faust' aufgenommen, die ‚Wittenbergische Nachtigall' (1523), ein Lied zur Verbreitung der Lehre Luthers, in Richard Wagners Oper ‚Die Meistersinger' wiederholt.

Volksbücher

Entstehung der Volksbücher: Schildbürger (1598), das Volksbuch vom Doktor Faust (1587) → Puppenspiel von Christopher Marlowe, Lessings ‚Faust'-Fragment, Goethes ‚Faust'.

Textbeispiele

Martin Luther: Sendbrief vom Dolmetschen (1530, Ausschnitte)

[. . .] Ich hab mich des geflissen im Dolmetschen, das ich rein und klar Deutsch geben möchte. Und ist uns wol oft begegnet, das wir vierzehn Tage, drey, vier Wochen haben ein einiges Wort gesucht und gefragt, haben dennoch zu weilen nicht gefunden. [. . .]
Als wenn Christus spricht ex abundantia cordis os loquitur. Wenn ich den Eseln sol folgen, die werden mir die Buchstaben furlegen und also dolmetschen: auß dem Uberfluß des Hertzen redet der Mund. Sage mir, ist das deutsch geredt? Welcher Deutscher verstehet solchs? Was ist Uberflus des Hertzen fur ein Ding? Das kan kein Deutscher sagen, er wolt den sagen, es sey das einer allzu ein gros Hertz habe, oder zu vil Hertzes habe, wie wol das auch nicht recht ist, denn Uberflus des Hertzen ist kein Deutsch, so wenig als das deutsch ist, Uberflus des Hauses, Uberflus des Kachelofens, Uberflus der Banck. Sondern also redet die Mutter ym Haus und der gemeine Man: wes das Hertz vol ist, des gehet der Mund uber. Das heist gut deutsch geredt, des ich mich geflissen, und leider nicht allewege erreicht noch troffen habe. Denn die lateinischen Buchstaben hindern aus der Maßen seer gut deutsch zu reden. [. . .]

Hans Sachs: Das Schlauraffenland (1567, Anfang)

Ein Gegend heißt Schlauraffenland,
Den faulen Leuten wohlbekannt.
Das liegt drei Meil hinter Weihnachten.
Und welcher darein wolle trachten,
Der muß sich großer Ding vermessen
Und durch ein Berg mit Hirsbrei essen,
Der ist wohl dreier Meilen dick.
Alsdann ist er im Augenblick
In demselbig Schlauraffenland,
Da aller Reichtum ist bekannt.
Da sind die Häuser deckt mit Fladen,
Leckkuchen die Haustür und Laden,
Von Speckkuchen Dielen und Wänd,
Die Dräm [Balken] von Schweinebraten send.
Um jedes Haus so ist ein Zaun
Geflochten von Bratwürsten braun.
Von Malvasier [Süßwein] so sind die Brunnen,
Kommen ei'm selbst ins Maul gerunnen. [. . .]

Begriff

Vermutlich abgeleitet von portugiesisch barroco = schiefrunde Perle oder von italienisch baroco = rhetorische Figur der Übertreibung.
Zunächst abwertend gebraucht für übertriebene Erscheinungsformen in Leben und Kunst; seit Ende des 18. Jahrhunderts als Stil- und Epochenbegriff für die bildende Kunst des 17./18. Jahrhunderts üblich. Erst Anfang des 20. Jahrhunderts (Neuentdeckung der Barockliteratur im Expressionismus) Übertragung auf die literarische Entwicklung zwischen Humanismus und Aufklärung. Als Epochenbegriff gültig, als Stilbegriff wegen Uneindeutigkeit umstritten.

Historischer Hintergrund

Glaubensspaltung, Gegenreformation und Abwehr der Türken vor Wien prägen die Epoche: im Süden und Westen katholisch, im Nordosten protestantisch bestimmt. Der Absolutismus (Staatstheorie nach Machiavelli: ‚Il principe‘, 1513) beherrscht Staat und Kirche; der Adel ist abhängig von den Landesfürsten. Kulturpolitik dient der Machtentfaltung: Repräsentation und Dekoration. Die Höfe werden kulturelle Zentren (Wien), daneben sind Beamtenadel und Bürgertum Kulturträger (Leipzig). Die Dichtung ist überwiegend Auftragsarbeit der in höfischen Diensten stehenden, zumeist bürgerlichen Schriftsteller; außerdem gibt es moralisierend-satirische gegenhöfische Literatur.

Tendenzen

Prägende Erfahrung aus dem Dreißigjährigen Krieg ist die „vanitas mundi“, die Vergänglichkeit des Irdischen. Sie führt zu einer antithetischen Grundstimmung aus Todesangst und Lebenshunger, zu tiefer Frömmigkeit und Erlösungssehnsucht.

Merkmale

Entscheidende sprachliche Leistung: Die Überlagerung der deutschen Sprache durch lateinische Tradition und mittelalterliche Sprachreste wird überwunden; es entsteht eine weitgehend einheitliche deutsche Schrift- und Dichtersprache. Wichtig hierfür ist die Arbeit der Sprachgesellschaften zur Pflege des Deutschen und zur Ausarbeitung einer Poetik für die deutsche Sprache: Fruchtbringende Gesellschaft (Palmenorden) mit *Johann Rist* (1607–1667), *Georg Philipp Harsdörffer* (1607–1658) u. a.
Nach dem Verfall der Form im 16. Jahrhundert wird nun eine strenge Einhaltung formaler Gesetze gefordert. Die Dichtung wird nach Regeln gemacht, die Beherrschung von dichterischer Tradition und Technik ist wichtig. Antike Kunstformen (Epigramm, Sonett) und Topoi (griech. Topos = festgelegtes Motiv) werden artistisch variiert. Auffällig sind superlativische Häufungen weit hergeholter Metaphern und Allegorien. Diese Sprachartistik steigert sich zur Emblematik, zur Kunst vielfältiger Anspielungen mit den allen Gebildeten bekannten Sinnbildern (z. B. Ölzweig = Frieden). Einerseits Übersteigerung im Schwulst, andererseits intensive Sprachverfeinerung und -bereicherung (Wortneuschöpfungen).

1618–1648 Dreißigjähriger Krieg
1683 Türken belagern Wien
1697 Sieg Prinz Eugens von Savoyen über die Türken

Autoren und Werke

Martin Opitz (1597–1639): ‚Buch von der deutschen Poeterey' (1624) – erste sprachlich-stilistische Ordnung für die deutschsprachige Literatur; Forderung: „Reinlichkeit der deutschen Sprache, Verse und Reime". Entstehung von Sprachgesellschaften.

Roman

Hans Jakob Christoffel von Grimmelshausen (um 1622–1676): ‚Der abenteuerliche Simplicissimus Teutsch' (1669) gehört zur Gattung der damals beliebten Abenteuer- und Schelmenromane, sprengt aber den barocken Rahmen durch seinen Realismus der Kriegsdarstellung (Schilderung des Dreißigjährigen Krieges mit autobiographischen Zügen); erster deutscher Entwicklungsroman. Entscheidender Einfluß auf spätere Autoren (Goethe: ‚Wilhelm Meister'; G. Keller: ‚Der grüne Heinrich').
‚Die Lebensbeschreibung der Erzbetrügerin und Landstörzerin Courasche' (1670) wird Vorlage für Brechts ‚Mutter Courage'.
Christian Reuter (1665–nach 1712): ‚Schelmuffsky' (1696), Lügen-, Reise- und Abenteuerroman.

Drama

Jakob Bidermann (1578–1639): ‚Cenodoxus' (1609), lateinisches Jesuitendrama.
Andreas Gryphius (1616–1664), wichtigster Dramatiker und Lyriker des sog. schlesischen Barock: ‚Leo Arminius' (1646), ‚Catharina von Georgien' (1647), ‚Carolus Stuardus' (1649).
Fortuna und Vanitas, Glück und Vergänglichkeit, sind bestimmende Themen seiner Dichtung; christliche Standhaftigkeit angesichts der Kriegswirren, Märtyrer als Dramenhelden.
Originellste Leistung für die Bühne: deutsche Lustspiele ‚Peter Squentz' (1657) und ‚Horribilicribrifax' (1663).
In der Lyrik (Sonette) präzise Rhetorik, planmäßige Erweiterung der Geschmeidigkeit der deutschen Sprache.

Textbeispiel

Andreas Gryphius: Abend (1650)

Der schnelle Tag ist hin / die Nacht schwingt jhre fahn /
Vnd führt die Sternen auff. Der Menschen müde scharen
Verlassen feld vnd werck / Wo Thier vnd Vögel waren
Trawrt jtzt die Einsamkeit. Wie ist die zeit verthan!

Der port naht mehr vnd mehr sich / zu der glieder Kahn.
Gleich wie diß licht verfiel / so wird in wenig Jahren
Ich / du / vnd was man hat / vnd was man siht / hinfahren.
Diß Leben kömmt mir vor alß eine renne bahn.

Laß höchster Gott mich doch nicht auff dem Laufplatz gleiten /
Laß mich nicht ach / nicht pracht / nicht lust / nicht angst verleiten.
Dein ewig heller glantz sey vor vnd neben mir /
Laß / wenn der müde Leib entschläfft / die Seele wachen
Vnd wenn der letzte Tag wird mit mir abend machen /
So reiß mich auß dem thal der Finsternuß zu dir.

Begriff

Allgemein die im 16. Jh. einsetzende, im 18. Jh. vorherrschende gesamteuropäische Bewegung des Rationalismus, der Emanzipation des Denkens von kirchlich-dogmatischer Bevormundung (Primat der Vernunft). Als Dichtung der Aufklärung gilt die Anwendung dieser Ideen auf die Literatur im Zeitraum 1720–1785: zunächst geprägt von *J. Chr. Gottsched,* danach von *G. E. Lessing.* Umfassende geistig-literarische Erneuerungsbewegung, in die Empfindsamkeit sowie Sturm und Drang eingelagert sind.

Philosophischer Hintergrund

Die Aufklärung vollendet die Bemühungen seit Ende des Mittelalters, den Menschen aus jenseitig-irrationalen Bindungen zu lösen und diesseits zu orientieren. Folgende Philosophen haben zur geistigen Emanzipation beigetragen:
René Descartes (1596–1650), Begründer des Rationalismus: Glauben an die Erklärbarkeit aller Dinge („Ich denke, also bin ich").
Hugo Grotius (1583–1645), Begründer des Naturrechts, Forderung nach religiöser Toleranz.
Thomas Hobbes (1588–1679), mechanistisches Weltbild: Universum und Mensch als Uhrwerk. *John Locke* (1632–1704), Begründer des Empirismus.
Baruch Spinoza (1632–1677): Es gibt nur eine Substanz, die Ursache ihrer selbst ist: deus sive natura – Gott und Natur zugleich.
Gottfried Wilhelm Leibniz (1646–1716), Welt als Uhrwerk in von Gott prästabilierter Harmonie.
Christian Thomasius (1655–1728), Begründer der pietistisch-rationalistischen Theologie des 18. Jahrhunderts.
Christian Wolff (1679–1754), völliges Vertrauen in die Macht der Vernunft.
Dieser Aufbruch auf allen Gebieten der Erkenntnistheorie, Wissenschaft, Religion und Staatslehre mündet in die Philosophie *Immanuel Kants* (1724–1804), der aus dem Aufklärungsdenken seine Pflichtethik entwickelt, den kategorischen Imperativ: „Handle so, daß die Maxime deines Willens zugleich als Prinzip einer allgemeinen Gesetzgebung dienen kann."

Historischer Hintergrund

Nach dem 30jährigen Krieg herrscht zunächst eine scheinbar dauerhafte europäische Ordnung: Absolutismus auf dem Kontinent, parlamentarische Monarchie in England. Tiefes Friedensbedürfnis (Abbé Saint-Pierre: Abschaffung des Krieges, ewiger Friede). Die Höfe der Landesfürsten sind Kulturzentren. Gegen Diplomatie und Kabinettspolitik, Despotismus und Intrige wachsen Selbstbewußtsein und Ehrgefühl des Bürgers. Forderung nach unabhängiger Justiz, Milderung der Strafen, Schutz vor fürstlicher Willkür. Dem Ideal des aufgeklärten Absolutismus (Friedrich der Große: erster Diener des Staates) entspricht die praktische Politik (Staatsraison) kaum.

Tendenzen

Der dreifachen Zersplitterung (konfessionell, sozial, national) werden als geistig einigende Gedanken entgegengesetzt: religiöse Toleranz, Gleichheit der Menschen von Natur aus, Weltbürgertum als Überwindung rassischer und nationaler Schranken. Ziel: allseitige selbständige Entwicklung des Geistes.

1740–1786 Friedrich der Große
1740–1745 Schlesische Kriege
1740–1780 Maria Theresia
1756–1763 Siebenjähriger Krieg
1775–1783 Nordamerikanischer Unabhängigkeitskrieg gegen England

Tendenzen

Naturwissenschaftliche Erkenntnis gegen kirchliche Dogmen. Deismus als philosophisch-moralische Religion. Bestimmung des Menschen: Einsicht in die Herrschaft der Vernunft → Beförderung der Tugend, Beseitigung der aus Unkenntnis entstandenen Mißstände. Daher Optimismus, Verständnis der Welt als „der besten aller Welten" *(Leibniz)*, bewußt gesetzt gegen „das irdische Jammertal" des Mittelalters, Glaube an Erziehung und Belehrbarkeit; s. auch moralische Zeitschriften zur Belehrung der Leser.

Merkmale

Die Kunst (= Nutzen und Ergötzen) ist geprägt durch überwiegend protestantische gelehrte Autoren. Rückgriff auf die Reinheit antiker Formen, klare Trennung der Gattungen sowie tragischer und komischer Elemente. Richtlinien für die Tragödie: die aristotelischen Einheiten von Handlung, Ort und Zeit. Im Mittelpunkt kein heroischer Held, sondern der durch Willen und Vernunft zur Vollkommenheit strebende Mensch. Die Lyrik ist noch vom französischen Rokoko bestimmt (Schäferspiel, Anakreontik). Lehrgedicht und Fabel werden wegen ihrer moralisierenden Tendenz bevorzugt. Wichtig vor allem sind die dramatische Dichtung und die Reform der Theaterbühnen (Verbannung des Harlekins; Vorbild: Neubersche Truppe).

Autoren und Werke

Christian Fürchtegott Gellert (1715–1769)
Fabeln und Erzählungen mit volkserzieherischer Tendenz als „Hausbuch" der Deutschen.

Theoretische Schriften

Johann Christoph Gottsched (1700–1766)
Entscheidende Leistung in der Dichtungstheorie: Er schuf – ähnlich Opitz – ein Regelwerk zur Vervollkommnung deutscher Literatur nach den Vorbildern von Corneille und Sophokles: ‚Deutsche Schaubühne nach den Regeln und Exempeln der Alten' (1742–1745), ‚Versuch einer Critischen Dichtkunst vor die Deutschen' (1730).
Gotthold Ephraim Lessing (1729–1781)
Höhepunkt und Überwindung aufklärerischer Dichtung.
‚Briefe, die neueste Literatur betreffend' (1759–1765: ‚Faust'-Fragment, 17. Literaturbrief mit Hinweis auf Shakespeare); ‚Laokoon oder Über die Grenzen der Malerei und Poesie' (1766); ‚Hamburgische Dramaturgie' (1767–1769: Theaterkritiken, Auseinandersetzung mit Aristoteles und Shakespeare).

Drama

‚Miss Sara Sampson', bürgerliches Trauerspiel (1755); *‚Minna von Barnhelm'* (1767): Durchbruch zur Charakterkomödie; *‚Emilia Galotti'*, bürgerliches Trauerspiel (1772): bürgerliche Ehre gegen absolutistische Willkür; *‚Nathan der Weise'*, dramatisches Gedicht (1779); 5hebiger Jambus (Blankvers) wird zum Dramenmetrum. Hintergrund: theologischer Streit mit Hauptpastor Goeze. Humanitätsdichtung, s. die Ringparabel: Toleranzforderung.

Textbeispiel

Immanuel Kant: Was ist Aufklärung? (1784, Ausschnitt)
Aufklärung ist der Ausgang des Menschen aus seiner selbst verschuldeten Unmündigkeit. Unmündigkeit ist das Unvermögen, sich seines Verstandes ohne Leitung eines anderen zu bedienen. Selbstverschuldet ist diese Unmündigkeit, wenn die Ursache derselben nicht am Mangel des Verstandes, sondern der Entschließung und des Muthes liegt, sich seiner ohne Leitung eines andern zu bedienen. Sapere aude! Habe Muth dich deines eigenen Verstandes zu bedienen! ist also der Wahlspruch der Aufklärung. [...]

Begriff

Drama ‚Sturm und Drang' (1776, ursprünglich ‚Wirrwarr') des Maximilian Klinger als Namengeber der weitgehend auf Deutschland beschränkten Bewegung („Genie-Periode") junger Schriftsteller, die sich in Straßburg und Frankfurt um Goethe sammeln (Klinger, Lenz, Wilhelm Müller, Wagner), in Schwaben um Schubart und Schiller.

Historischer Hintergrund

Fürstenwillkür absolutistischer Herrscher einerseits, Forderung nach Menschenrechten andererseits. Mißstände des Despotismus vor allem in den kleineren und mittleren Fürstentümern des Südwestens werden in der Dichtung angeprangert: Prunk, Verschwendungssucht, Mätressenwirtschaft (Vorbild: Versailles), dazu schwere Bedrückung der Untertanen durch Steuern und Soldatenhandel. Dagegen wächst das bürgerliche Ehrgefühl. Gerade an den kleinen Höfen wird aber auch die Kultur gefördert, z. B. von Karl Eugen von Württemberg (Karlsschule → Konflikt mit dem jungen Schiller), vor allem von Karl August von Weimar (Freundschaft mit Goethe).

Geistesgeschichtlicher Hintergrund

Jean-Jacques Rousseau (1712–1778): Kulturpessimismus (der Kulturmensch 'verdirbt' die gute Schöpfung) ist durch Naturoptimismus zu überwinden („Zurück zur Natur!"). Das Volk ist der wahre Souverän, es braucht eine natürliche Gesellschaftsordnung (‚Le contrat social', 1762).
Edward Young (1683–1765): Intuitionen, nicht Anwendung von Kunstgesetzen, prägen das Genie.
Johann Gottfried Herder (1744–1803) beschreibt die geschichtliche Entwicklung des Menschen und seiner Schöpfungen, würdigt die Schönheit der natürlichen Sprache und die Gefühlsstärke der Volkskunst. Durch ihn wird Shakespeare, „das außerordentliche Genie mit barbarischen Fehlern" (Voltaire), statt der Franzosen zum Vorbild der jungen Dramatiker. Shakespeare-Aufsatz 1773: „Shakespeare ist des Sophokles Bruder"; nicht Kunstgesetze gelte es zu wahren (gegen die aristotelischen Einheiten von Handlung, Ort und Zeit im Drama), sondern Naturgesetze der Kunst in ihrer jeweiligen individuellen historischen Situation zu erfassen.
1770 Begegnung Herders und Goethes in Straßburg.
Anreger des Sturm und Drang: der Pietismus; Lessings Forderung einer dynamischen Figurenführung im Drama; v. a. *Friedrich Gottlieb Klopstock* (1724–1803): ‚Der Messias' (1748–1773), Oden (seit 1748), der die *Empfindsamkeit*, eine stark gefühlsbetonte Richtung innerhalb der Aufklärung, zum Höhepunkt bringt und die Lyrik des jungen Goethe nachhaltig beeinflußt.

Tendenzen

Wendung gegen die Erstarrung der lehrhaften Aufklärung und ihrer Vernunftherrschaft, jedoch radikale Weiterführung des Humanitätsgedankens, bezogen auf die Ganzheit menschlichen Wesens. Entfesselung von Phantasie und Gefühl, grenzenloser Individualismus eines 'Kraftmenschen'. Der Titan Prometheus als Urbild des Originalgenies, des künstlerischen Schöpfers. Neue, elementare Konflikte erwachsen der tragischen Erfahrung des Genies: Unendliches Wollen, endliche Bedingtheit (‚Faust').

1772 Erste polnische Teilung (Friedrich II., Katharina II., Joseph II.)
1776 Unabhängigkeitserklärung der nordamerikanischen Kolonien

Merkmale

Konflikt mit der Obrigkeit (persönliche Erfahrungen der Stürmer und Dränger), Rebellion gegen fürstlichen und väterlichen Machtmißbrauch. Anprangerung der Standesgrenzen und ihrer Konflikte (eine Heirat zwischen den Ständen ist unmöglich → das 'gefallene' Mädchen, s. Gretchentragödie). Ablehnung dogmatisch-kirchlicher Normen – Vergöttlichung der Natur. Natürliche Empfindung wird gegen moralisch-geistige Enge, Leidenschaft gegen Vernunft gesetzt. Aber auch Erfahrung persönlicher Schuld (Goethe und Friederike Brion).

Politisch-revolutionäre Gedanken vor allem bei Schubart und beim jungen Schiller, schwärmerische Empfindsamkeit beim jungen Goethe und bei Lenz.

Erlebnislyrik: Individueller Ausdruck persönlichen Schicksals (z. B. Goethe: Sesenheimer Lieder).

Themen im *Drama*: politische und menschliche Freiheit, der einzelne und die Gesellschaft (Goethe: ‚Götz von Berlichingen', Schiller: ‚Die Räuber', ‚Kabale und Liebe', ‚Fiesco'). Standesschranken und wahre Liebe (Schiller: ‚Kabale und Liebe'; Lenz: ‚Die Soldaten'; Wagner: ‚Die Kindermörderin'). Formal: 'Fetzenszenen' unter dem Einfluß Shakespeares, Knittelverse und freie Rhythmen, Explosivstil. *Briefroman:* Goethes ‚Werther' als höchste Subjektivierung persönlichen Leides prägt eine Generation. Schlüsselwort: Herz.

Autoren und Werke

Gottfried August Bürger (1747–1794): volkstümliche Kunstballade (‚Lenore'), Gedichte, Münchhausen-Geschichten, Übersetzungen.

Johann Wolfgang von Goethe (1749–1832): Dramen: ‚Götz von Berlichingen mit der eisernen Hand' (1773), ‚Clavigo' (1774), ‚Stella' (1776), ‚Urfaust' (begonnen 1772). *Briefroman:* ‚Die Leiden des jungen Werthers' (1774). Gedichte der Straßburger und Frankfurter Zeit (1775), Hymne ‚Prometheus'; s. a. Klassik.

Jakob Michael Reinhold Lenz (1751–1792), tragische Gestalt im Umkreis Goethes: ‚Der Hofmeister' (1774), ‚Die Soldaten' (1776).

Friedrich Schiller (1759–1805): ‚Die Räuber' (1781), ‚Die Verschwörung des Fiesco zu Genua' (1783), ‚Kabale und Liebe' (1784); s. a. Klassik.

Textbeispiel

Friedrich Schiller: Die Räuber (1781, Ausschnitt aus V, 2)

RÄUBER MOOR: O über mich Narren, der ich wähnete die Welt durch Greuel zu verschönern, und die Gesetze durch Gesetzlosigkeit aufrecht zu halten. Ich nannte es Rache und Recht – Ich maßte mich an, o Vorsicht, die Scharten deines Schwerts auszuwetzen und deine Parteilichkeiten gutzumachen – aber – O eitle Kinderei – da steh ich am Rand eines entsetzlichen Lebens, und erfahre nun mit Zähnklappern und Heulen, daß *zwei Menschen wie ich den ganzen Bau der sittlichen Welt zugrund richten würden.* Gnade – Gnade dem Knaben, der *Dir* vorgreifen wollte – *Dein* eigen allein ist die Rache. *Du* bedarfst nicht des Menschen Hand. Freilich stehts nun in meiner Macht nicht mehr, die Vergangenheit einzuholen – schon bleibt verdorben, was verdorben ist – was ich gestürzt habe, steht ewig niemals mehr auf – Aber noch blieb mir etwas übrig, womit ich die beleidigte Gesetze versöhnen, und die mißhandelte Ordnung wiederum heilen kann. Sie bedarf eines Opfers – eines Opfers, das ihre unverletzbare Majestät vor der ganzen Menschheit entfaltet – dieses Opfer bin ich selbst. Ich selbst muß für sie des Todes sterben.

Begriff

Bezeichnung für kulturelle Höhepunkte, z. B. Zeitalter des Perikles (griechische Klassik), Zeitalter des Augustus (römische Klassik), Zeitalter Königin Elisabeths I. (englische Klassik). Seit der Renaissance Bezug auf griechische Kunstideale. Die „Weimarer Klassik“, geprägt durch Goethe und Schiller, wird begrenzt von Goethes italienischer Reise (1786) und Schillers Tod (1805). Der umfassendere Begriff „Goethezeit“ beginnt bei Herders Begegnung mit Goethe (1770) und bezieht Sturm und Drang, Klassik und Romantik bis zu Goethes Tod (1832) ein.

Historischer Hintergrund

Die Französische Revolution mit ihren Forderungen Freiheit, Gleichheit, Brüderlichkeit, dem Ringen um eine bürgerliche Verfassung, der Prägung des Begriffs „Nation“, der Erfahrung einer revolutionären Diktatur und der Überwindung dieser Phase durch Napoleon Bonaparte geben dem 19. Jahrhundert die Grundstrukturen: Nationalismus, Liberalismus, Imperialismus. Mit den politischen Vorgängen in Frankreich setzen sich die deutschen Intellektuellen und Künstler philosophisch, nicht politisch auseinander – teils mit Begeisterung, teils mit Abscheu. Goethe bleibt distanzierter Betrachter: 1792 am Vorabend der Schlacht gegen Napoleon bei Valmy: „Von hier und heute geht eine neue Epoche der Weltgeschichte aus, und Ihr könnt sagen, Ihr seid dabeigewesen.“ Sympathien gelten vielen Forderungen der „citoyens“; das übernationale Menschheitsideal der Klassik, das eine Versöhnung mit der Wirklichkeit erstrebt, kann aber mit der blutigen politischen Realität nicht in Einklang gebracht werden. Die Weimarer Klassik bleibt daher unpolitisch. Die nationalen Ideen des Sturm und Drang werden erst in der Romantik aufgegriffen.

Geistesgeschichtlicher Hintergrund

Geistiger Hintergrund des deutschen Idealismus ist die Philosophie *Immanuel Kants* (1724–1804), seine Metaphysik, seine Pflichtethik und die Lehre vom Schönen und Erhabenen. Metaphysik ist nicht mehr Wissenschaft vom Absoluten, sondern von den Grenzen menschlicher Vernunft. Erkenntnisse beruhen auf Erfahrungen und ihrer Verbindung mit dem Sittengesetz. Als Person ist der Mensch gebunden an das Naturgesetz, er folgt äußeren Einflüssen; als Persönlichkeit ist er ausgerichtet auf seine Vernunft und daher frei. Erst die Achtung vor dem Sittengesetz und die Befolgung der ethischen Verpflichtung machen das menschliche Tun moralisch – daher die Unbedingtheit des „kategorischen Imperativs“ (s. Aufklärung). Drei Postulate: Freiheit des sittlichen Tuns, Unsterblichkeit des sittlich Handelnden, Gott als Bürge dieser Sittlichkeit. In seiner Ästhetik entwirft Kant die Lehre vom Schönen, das lediglich Wohlgefallen erregt, und vom Erhabenen, das die Idee der Unendlichkeit aufzeigt, sowie die Vorstellung vom Genie, durch das die Natur der Kunst erst die Regeln gibt; einzigartiges Vorbild: die Griechen.
Schiller ist seit 1792 nachhaltig von Kant, vor allem der Sittenlehre, beeinflußt, deren Härte er allerdings seinen Begriff der Harmonie, der Versöhnung zwischen Sittlichkeit und Vernunft, Pflicht und Neigung in der „schönen“ (edlen) Seele entgegensetzt (Idealismus der Vernunft).
Goethes anschaulich-naturgebundenen Vorstellungen entspricht mehr die Lehre vom Schönen und Erhabenen (Idealismus der Natur).

1789 Französische Revolution

Johann Joachim Winckelmanns (1717–1768) Vorstellung von „edler Einfalt und stiller Größe“ der griechischen Kunst wird zum Schönheitsideal der Klassik, die eine Einheit von Seele, Geist und Körper erstrebt.
Wilhelm von Humboldt (1767–1835), Sprachforscher und preußischer Bildungsreformer, orientiert die humanistische Bildung am griechischen Vorbild.

Tendenzen und Merkmale

Idealvorstellungen der Weimarer Klassik: Natur und Welt sind ein geordneter Organismus, frei von Willkür und Gewalt. Die höchste Bestimmung des Menschen ist die harmonische Entfaltung aller seiner Kräfte; aus Reifung und Läuterung erwächst die Vereinigung mit dem Weltkosmos, der Weltseele. Das Geistige ist Ursprung, Gegenwart und letzter Sinn alles Seienden, das Kunstwerk ist sein Widerschein, wenn es Geist und Form zum Ausgleich bringt, Maß und Vollendung in der Form gewinnt. Das griechische (klassische) Schönheitsideal (das Reine, Schöne, Wahre, Gute sind eins) ist in Iphigenie verkörpert.
Aus der Aufklärung werden die Humanitätsidee und der Toleranzgedanke übernommen und vertieft in der Vorstellung des allseitig vollendeten Menschentums. Seit dem Sturm und Drang bestimmt ein tiefes Empfinden die Dichtung; die Klassik bändigt nun die Formlosigkeit des Gefühls, sie ‘reinigt’ es. Der tragische ‘Wertekonflikt’ wird durch Sittlichkeit überwunden; sie ermöglicht auch eine Aussöhnung mit der Gesellschaft (Schillers Briefe zur Ästhetischen Erziehung).
In Goethes Dichtung wird das tragische Individuum (Egmont, Faust) durch Selbstzucht, Liebe und Gnade in das Weltganze aufgenommen.
Bei Schiller ist das irdische Scheitern tragischer Charaktere (Wallenstein, Maria Stuart) Erfüllung schicksalhafter Fügung, bedeutet jedoch Gewinn innerer Freiheit.
Bei Hölderlin entsteht tragisches Leid durch Götterferne (‚Empedokles‘; s. a. seinen Brief „So kam ich unter die Deutschen“ aus ‚Hyperion‘).

Textbeispiele

Johann Wolfgang von Goethe:

Urworte orphisch. ΔΑΙΜΩΝ, Dämon (1817)
Wie an dem Tag, der dich der Welt verliehen,
die Sonne stand zum Gruße der Planeten,
bist alsobald und fort und fort gediehen
nach dem Gesetz, wonach du angetreten.
So mußt du sein, dir kannst du nicht entfliehen,
so sagten schon Sibyllen, so Propheten;
und keine Zeit und keine Macht zerstückelt
geprägte Form, die lebend sich entwickelt.

Vermächtnis (1829, Ausschnitt)
Kein Wesen kann zu Nichts zerfallen!
Das Ew’ge regt sich fort in allen,
am Sein erhalte dich beglückt!
Das Sein ist ewig; denn Gesetze
bewahren die lebend’gen Schätze,
aus welchen sich das All geschmückt. […]

Das Göttliche (1783, Ausschnitt)
Edel sei der Mensch,
hilfreich und gut!
Denn das allein
unterscheidet ihn
von allen Wesen,
die wir kennen. […]

Autoren und Werke

Johann Wolfgang (von) Goethe (1749–1832), geprägt durch bürgerliche Herkunft. Begegnung mit Herder. Beginn der Erlebnislyrik: Sesenheimer Lieder. Bewältigung persönlichen Leides im ‚Werther'. Begegnung mit Karl August von Weimar, seit 1775 staatspolitische Tätigkeit und Naturforschung, Aufnahme am Weimarer „Musenhof". Entscheidende Freundschaft mit Charlotte von Stein – Entsagung. 1786/87 während der italienischen Reise Wandlung des Literaturverständnisses. ‚Iphigenie' wird ins klassische Versmaß gesetzt (vorher Prosa). Seit 1794 Freundschaftsbund mit Schiller.
In ihren klassischen Dramen erstreben Goethe und Schiller ein Ebenmaß der Form, erreicht durch Konzentration: Beschränkung der Personenzahl und der Schauplätze, Neigung zu Sentenz und überzeitlich gültiger Aussage. In der Lyrik greifen sie strenge, meist antike Formen auf: Ode, Hymne, Distichon, Stanze, Sonett; sie verwenden aber auch freie Rhythmen.
Dramen: ‚Iphigenie' (1787), ‚Egmont' (1788), ‚Torquato Tasso' (1790), ‚Faust, ein Fragment' (1790), ‚Faust I' (1808), ‚Faust II' (1831/32). Gedichte (1789), ‚Römische Elegien' (1795), ‚Balladen' (1798), ‚Sonette' (1815), ‚West-östlicher Divan' (1819). ‚Urworte orphisch' (1817; das Göttliche und die Bestimmung des Menschen sind Themen von Goethes Gedankenlyrik), ‚Trilogie der Leidenschaft' (1827). Epos: ‚Hermann und Dorothea' (1797). Romane: ‚Wilhelm Meisters Lehrjahre' (1795/96), ‚Die Wahlverwandtschaften' (1809; in Form und Inhalt am Übergang zur Romantik), ‚Wilhelm Meisters Wanderjahre' (1821). ‚Dichtung und Wahrheit' (ab 1811).

Friedrich Schiller (1759–1805), geprägt durch verordnete Ausbildung auf der Hohen Karlsschule (Militärakademie Karl Eugens in Stuttgart). Nach der Flucht nach Mannheim zur Uraufführung der ‚Räuber' vergeblicher Versuch, als Theaterschriftsteller zu existieren. Beschäftigung mit historischen und philosophischen Fragen. 1791 Professur für Geschichte in Jena. Seit 1795 Herausgebertätigkeit: ‚Die Horen'; 1796: Musenalmanach. 1799 Übersiedlung nach Weimar. Schwere Erkrankung.
Dramen: ‚Don Carlos' (1787), ‚Wallenstein'-Trilogie (1798/99), ‚Maria Stuart' (1800), ‚Die Jungfrau von Orleans' (1801), ‚Die Braut von Messina' (1803; Versmaß, Chor und analytische Methode erinnern an die griechische Tragödie), ‚Wilhelm Tell' (1804). Gedankenlyrik (1795/96; die Lehrgedichte entwickeln moralisch-ethische Gedanken), Balladen (1797/98). Ästhetische Schriften: ‚Über Anmut und Würde' (1793), ‚Vom Erhabenen' (1793), ‚Über die ästhetische Erziehung des Menschen' (1795), ‚Über naive und sentimentalische Dichtung' (1795/96). Historische Schriften: ‚Geschichte des Abfalls der Vereinigten Niederlande' (1788), ‚Geschichte des Dreißigjährigen Kriegs' (1791/92).

Friedrich Hölderlin (1770–1843), gequält durch ungesicherte wirtschaftliche Existenz (Hauslehrer). Unerfüllte Liebe zur Mutter seines Frankfurter Schülers, Susette Gontard (Diotima). Das tragische Lebensschicksal endet im Wahnsinn – seit 1806 bis zu seinem Tod lebt er bei einem Handwerker im Tübinger „Turm".
Der sakrale Charakter seiner Oden und Hymnen und die vaterländische Thematik befremden die Weimarer Klassiker; Schiller weist Hölderlin zurück.
Hymnen und Elegien (1793), lyrischer Briefroman ‚Hyperion' (1797/99), Dramenfragment ‚Empedokles' (1797), Gedichte (1799), späte Lyrik (1801–1808).

Friedrich Schiller: Das Lied von der Glocke (1799, Ausschnitte)

Freiheit und Gleichheit! hört man schallen,
Der ruh'ge Bürger greift zur Wehr,
Die Straßen füllen sich, die Hallen,
Und Würgerbanden ziehn umher; [. . .]
Nichts Heiliges ist mehr, es lösen
Sich alle Bande frommer Scheu,
Der Gute räumt den Platz dem Bösen,
Und alle Laster walten frei.
Gefährlich ist's, den Leu zu wecken,
Verderblich ist des Tigers Zahn,
Jedoch der schrecklichste der Schrecken,
Das ist der Mensch in seinem Wahn. [. . .]

Friedrich Schiller: Die Worte des Wahns (1800, Ausschnitt)

Drum, edle Seele, entreiß dich dem Wahn
Und den himmlischen Glauben bewahre!
Was kein Ohr vernahm, was die Augen nicht sahn,
Es ist dennoch das Schöne, das Wahre!
Es ist nicht draußen, da sucht es der Tor,
Es ist in dir, du bringst es ewig hervor.

Friedrich Schiller: Über die ästhetische Erziehung (1801, Ausschnitt)

[. . .] In einem wahrhaft schönen Kunstwerk soll der Inhalt nichts, die Form aber alles tun; denn durch die Form allein wird auf das Ganze des Menschen, durch den Inhalt hingegen nur auf einzelne Kräfte gewirkt. Der Inhalt, wie erhaben und weitumfassend er auch sei, wirkt also jederzeit einschränkend auf den Geist, und nur von der Form ist wahre ästhetische Freiheit zu erwarten. [. . .]

Friedrich Hölderlin: Lebenslauf (1800)

Größers wolltest auch du, aber die Liebe zwingt
  all uns nieder, das Leid beuget gewaltiger,
    doch es kehret umsonst nicht
      unser Bogen, woher er kommt.

Aufwärts oder hinab! herrschet in heilger Nacht,
  wo die stumme Natur werdende Tage sinnt,
    herrscht im schiefesten Orkus
      nicht ein Grades, ein Recht noch auch?

Dies erfuhr ich. Denn nie, sterblichen Meistern gleich,
  habt ihr Himmlischen, ihr Alleserhaltenden,
    daß ich wüßte, mit Vorsicht
      mich des ebenen Pfads geführt.

Alles prüfe der Mensch, sagen die Himmlischen,
  daß er, kräftig genährt, danken für Alles lern,
    und verstehe die Freiheit,
      aufzubrechen, wohin er will.

Begriff

frz. romance, engl. romantic: bezeichnet zunächst den volkstümlich-höfischen Versroman des Mittelalters im Unterschied zur lateinischen Dichtung. Ab 1740 etwa gleichbedeutend mit: phantasievoll, schwärmerisch; auch als Bezeichnung für eine wilde, malerische Landschaft: die romantische Kulisse. Seit 1770 Sammelbegriff für nördlich-germanische und südlich-romanische Kultur im Gegensatz zur Antike.
Friedrich Schlegel und *Novalis* führen die Bezeichnung für die Dichtung ein; Novalis setzt „romantisch“ für „poetisch“: „[...] indem ich dem Gewöhnlichen ein geheimnisvolles Ansehen, [...] dem Endlichen einen unendlichen Sinn gebe, so romantisire ich es.“

Phasen

Frühromantik oder ältere Romantik (1796–1802): Junge Schriftsteller, u. a. die Brüder Schlegel und Novalis, treffen sich in Jena.
Hochromantik (nach 1805).
Spätromantik (nach 1813).
Fließender Übergang in die neue literarische Bewegung des „poetischen Realismus“.

Historischer Hintergrund

Prägendes Ereignis: Die Französische Revolution (1789) mit den Forderungen: Freiheit, Gleichheit, Brüderlichkeit. Bürgerliche besinnen sich auf Menschenrechte „für alle“, denken an europäische Gemeinsamkeit. Gleichzeitig wird der Begriff 'Nation' wichtig, die geschichtliche Identität des Vaterlandes. Patriotismus erwacht in den Kämpfen gegen Napoleon, u. a. *Ernst Moritz Arndt, Theodor Körner, Joseph von Eichendorff* nehmen teil.
Auseinandersetzung mit den Möglichkeiten gewaltfreier Reform (z. B. Stein und Hardenberg in Preußen) und gewaltsamer Veränderung.
Nach dem nationalen Aufbruch führt die Ernüchterung durch die restaurative Politik seit dem Wiener Kongreß 1815 (z. B. die Buchzensur) einerseits zum Rückzug in die private Idylle des Biedermeier (1815–1848), andererseits zur politisch-revolutionären Literatur im Jungen Deutschland (1830–1848).

Hinwendung zur Geschichte

Erwachen geschichtlichen Denkens, Interesse am Mittelalter als dem nationalen Ursprung, zugleich religiöse Überhöhung dieser Epoche: „Es waren schöne glänzende Zeiten, wo Europa ein christliches Land war, wo *eine* Christenheit diesen menschlich gestalteten Weltteil bewohnte; *ein* großes gemeinschaftliches Interesse verband die entlegensten Provinzen dieses weiten geistlichen Reiches“ (Novalis: ‚Die Christenheit oder Europa‘). Beginn historischer Forschung, vor allem Sprachforschung, durch die Brüder Grimm, und Sammlung von Werken der Vergangenheit: Volksbücher, Volksmärchen (‚Kinder- und Hausmärchen‘, hrsg. von den *Brüdern Grimm,* 1812), Volkslieder (‚Des Knaben Wunderhorn, hrsg. von *Achim von Arnim* und *Clemens Brentano,* 1805/08).

1805 Niederlage der Österreicher und Russen gegen Napoleon bei Austerlitz
1806 Auflösung des Heiligen Römischen Reiches Deutscher Nation
1806 Zerschlagung des preußischen Heeres bei Jena und Auerstedt
1813/14 Befreiungskriege gegen Napoleon 1813 Völkerschlacht bei Leipzig
1814/15 Wiener Kongreß

Geistesgeschichtlicher Hintergrund

Gegen Spätaufklärung und Rationalismus (Vorwurf der Entpoetisierung und des Verlustes ganzheitlicher Weltanschauung) knüpft die Romantik an die mystische Frömmigkeit des Pietismus und den schrankenlosen Individualismus des Sturm und Drang ebenso wie an Herders Arbeiten zu Volkstum und Geschichte an. Klassische Formvollendung lehnt sie ab.
Der Philosoph *Johann Gottlieb Fichte* (1762–1814) betont die Absolutheit des schöpferischen Ichs (Wissenschaftslehre, 1794). Seine ‚Reden an die deutsche Nation', 1807/08 in Berlin, vertreten den Gedanken der Erneuerung der Nation durch Erziehung – Rückgriff auf Kants optimistische Annahme einer Höherentwicklung des Menschen durch den Gebrauch der Vernunft.
Friedrich Wilhelm Schelling (1775–1854) entwirft im Anschluß an Spinozas Pantheismus und an Fichte seine Naturphilosophie, die alle Gegensätze zu vereinigen sucht und eine Identität von Realem und Idealem feststellt.
Friedrich Ernst Daniel Schleiermacher (1768–1834) formuliert den Zusammenhang von Poesie und Religion: Sich mit dem Ewigen eins fühlen.

Tendenzen und Merkmale

Die Romantik gilt als letzte Stufe des Idealismus nach Sturm und Drang und Klassik. Ihre Kunstanschauung ist eine Verbindung von Gegensätzen. Friedrich Schlegel: „Die romantische Poesie ist eine progressive Universalpoesie. Ihre Bestimmung ist nicht bloß, alle getrennten Gattungen der Poesie wieder zu vereinigen und die Poesie mit der Philosophie und Rhetorik in Berührung zu sehen. Sie will, und soll auch, Poesie und Prosa, Genialität und Kritik, Kunstpoesie und Naturpoesie bald mischen, bald verschmelzen, die Poesie lebendig und gesellig, und das Leben und die Gesellschaft poetisch machen [...]"
Der Dichter erschließt nach Novalis Verborgenes: „Nach Innen geht der geheimnisvolle Weg. In uns, oder nirgends ist die Ewigkeit mit ihren Welten [...]"
Raum und Zeit, Anfang und Ende, Vergangenheit und Zukunft, Wirklichkeit und Möglichkeit, Poesie und Welt, Gott und Mensch bzw. Natur fallen in einer unendlichen „letzten Erkenntnis der Wahrheit" zusammen. Sinnbild ist die „Blaue Blume", das Bild der Göttin der Weisheit. Todeserlebnis und Todessehnsucht, Offenbarung der Wahrheit im Traum (u. a. bei Novalis) sind Grunderfahrungen. Die *Motive* des Unterwegsseins (Wandern, Reisen als Sinnbild des Suchens und Findens), der Sehnsucht und des Heimwehs („Wo gehen wir hin?" – „Immer nach Haus." Novalis), der Natur als innig vertraute, aber auch lockend-verführende Spiegelung des Unbewußten bestimmen die romantische Dichtung. Häufige *Bilder* sind: kühler Grund, Waldestiefe, Wildbach, Mühlrad, Ruinen, Marmorgestalten, Dämmerung, Mondnacht. Die Vorstellung einer Verschmelzung von Dichtung, Malerei und Musik zeigt sich sprachlich in der Synästhesie, der Vereinigung aller Sinneswahrnehmungen: „Golden weh'n die Töne nieder" (Clemens Brentano).

Volksmärchen
Kunstmärchen
Volkslied
Kunstlied

In den Volksmärchen, Volksbüchern und Volksliedern sehen die Romantiker Zeugnisse der „Kindheit" ihres Volkes. Ziel ist die Überwindung der Gespaltenheit der Welt durch Rückverwandlung allen Wissens ins Unbewußt-Kindliche, Unschuldige, das „geahnt", „erlauscht", angedeutet wird: „seltsam", „merkwürdig", „wundersam". Die magische Wunderwelt der schönsten Poesie des Volkes (nach Herder) zeigt sich vor allem im Märchen. Die Kunstmärchen der Romantik und die im Volksliedton gehaltenen Gedichte verbinden Einfachheit und hohe Künstlichkeit.

Roman

Der Roman ist *die* Form romantischer Dichtung; Gedichte und Kunstmärchen sind zunächst Bestandteile dieser dem Gedanken einer Universalpoesie am ehesten entsprechenden Form (Gedichtsammlungen gibt es erst seit der Spätromantik). Goethes ‚Wilhelm Meister' gilt als Vorbild für einen Entwicklungsroman, wie ihn die Romantiker erstreben; allerdings bleibt der romantische Roman zumeist Fragment (z. B. Novalis: ‚Heinrich von Ofterdingen').
Die romantischen Märchen greifen auf Figuren und Motive der Volksbücher (z. B. Genoveva, Undine, Magelone, Reineke Fuchs) zurück. Mit ihrer Durchbrechung der Wirklichkeit (Novalis, Tieck, Brentano, Hauff, Fouqué) werden sie zu Trägern politischer Aussage (z. B. Brentano: ‚Das Märchen von dem Rhein ...').
Die strenge Form des Dramas wird abgelehnt als der formen- und gattungsübergreifenden romantischen Poesie nicht gemäß.

Romantische Ironie

Die absolute Freiheit des dichterischen Geistes (Fichte), sich über alles, auch das eigene Werk, zu erheben, frei der Phantasie zu folgen und sie auch willkürlich wieder zu zerstören, führt zum Kunstmittel der romantischen Ironie. Aus der Dialektik von Traum und Bewußtsein, Irrealität und Realität erwächst der Zwang zur Zerstörung selbstgeschaffener Illusion (am schärfsten ausgeprägt bei Heine). Heute wird in der Gefährdung und Zerrissenheit romantischer Menschen – noch vor solcher Darstellung bei Georg Büchner – der Ansatz zur Moderne gesehen: in den Elementen der Bewußtseinsspaltung, der Überschneidung von Realität und Irrealität.

Autoren und Werke

Jean Paul (Jean Paul Friedrich Richter, 1763–1825), Anreger der romantischen Schule, erster großer Humorist der deutschen Literatur. Er erhebt den Roman zur führenden Gattung in Deutschland: ‚Siebenkäs' (1796/97), ‚Titan' (1800/03), ‚Flegeljahre' (1804/05).

Jenaer Frühromantik 1796–1802

Friedrich Schlegel (1772–1829), Theoretiker, Kultur- und Kunstphilosoph. Sein Roman ‚Lucinde' (1799) löst aus moralischen Gründen einen Skandal aus.
Mit seinem Bruder, *August Wilhelm Schlegel* (1767–1845), dem Literaturkritiker und Übersetzer, gibt er die programmatische Zeitschrift ‚Athenäum' heraus.
Novalis (Friedrich von Hardenberg, 1772–1801), Philosoph, Dichter, Mystiker, Jurist und Naturwissenschaftler (Bergassessor), gilt als typische Gestalt des romantischen Dichters. Alle wesentlichen Motive der Zeit erscheinen bei ihm. Er verbindet philosophische Spekulation mit Prophetie, kindliche Frömmigkeit mit scharfem Intellekt. Sein Schlüsselerlebnis: der Tod der 15jährigen Braut Sophie von Kühn. In den ‚Hymnen an die Nacht' (1797), Gesängen vom unendlichen Reich der Poesie, von Traum, Tod und göttlicher Liebe, einer lebendigen Einheit aller Gegensätze, zeigt sich ein pantheistisches Weltbild.
Weitere Werke: Fragmentensammlung ‚Blüthenstaub' (1798). ‚Die Christenheit oder Europa' (1799): Vision einer neuen abendländischen Universalkultur im wiedergefundenen Katholizismus (viele Romantiker konvertierten). Romanfragment ‚Heinrich von Ofterdingen' (1798–1801): innere Entwicklung eines Minnesängers.

Hochromantik nach 1805

Ludwig Tieck (1773–1853): Kunstmärchen, z. B. ‚Der blonde Eckbert', ‚Ritter Blaubart'. Künstlerroman ‚Franz Sternbalds Wanderungen' (1798). Komödie ‚Der gestiefelte Kater' (1797), Shakespeare-Übersetzungen.
Anders als in der auf Universalität gerichteten Frühromantik jetzt Besinnung auf Nationalität, Volkstümlichkeit.
Achim von Arnim (1781–1831): Romane, Novellen, groteske Erzählungen; Herausgabe der Volksliedsammlung ‚Des Knaben Wunderhorn' (1806–1808) mit *Clemens Brentano* (1778–1842), der Märchen und Gedichte schrieb.
Brüder *Jacob* und *Wilhelm Grimm:* Sammlung der ‚Kinder- und Hausmärchen' (1812ff.). Sprachwissenschaftliche Arbeiten, ‚Deutsches Wörterbuch'.

Spätromantik nach 1813

Joseph von Eichendorff (1788–1857), populärster romantischer Lyriker. Auseinandersetzung mit religiösen Fragen. Abwendung von der Realität, Todessehnsucht. Roman ‚Ahnung und Gegenwart' (1815), märchenhafte Novellen ‚Aus dem Leben eines Taugenichts' (1826), ‚Das Marmorbild' (1818).
E.T.A. (Ernst Theodor Amadeus) *Hoffmann* (1776–1822), Vorläufer surrealistischer Dichtung, zugleich Realist (z. B. Erzählung ‚An Vetters Eckfenster'), vermengt genaue Beobachtung der Wirklichkeit mit Dämonisch-Unwirklichem; das Unheimliche zeigt sich in der menschlichen Natur (s. die Erzählung ‚Der Sandmann'). Doppelgängermotiv im Roman ‚Die Elixiere des Teufels' (1815/16). Novellen, z. B. ‚Das Fräulein von Scudery' (1819–1821).

Frauen der Romantik

Bettina von Arnim (1785–1859). Soziales Engagement: ‚Armenbuch' (1844). ‚Goethes Briefwechsel mit einem Kinde' (1835). Zugrunde liegen die Gespräche Bettinas mit Goethes Mutter.
Karoline von Günderode (1780–1806): Lyrikerin. Die fehlende Anerkennung als Dichterin und Partnerin treibt sie in den Selbstmord.
Heinrich von Kleist (1777–1811, Selbstmord) scheitert an der Gesellschaft, die ihn als Dichter und freien Schriftsteller nicht unterstützt, und an seiner Überforderung menschlicher Beziehungen. Der preußische Königshof akzeptiert sein 'Hohenzollerndrama' ‚Prinz Friedrich von Homburg' nicht. Kanzler Hardenberg verwehrt ihm die finanzielle Unterstützung für seine ‚Berliner Abendblätter'. Goethe weist den Dichter Kleist schroff zuruck. Der bedeutendste Dramatiker nach Schiller schrieb u. a.: ‚Die Familie Schroffenstein' (1803), ‚Penthesilea' (1808), ‚Das Käthchen von Heilbronn' (1810), ‚Der zerbrochne Krug' (1811, Charakterkomödie), ‚Prinz Friedrich von Homburg' (1810). Erzählungen: u. a. ‚Michael Kohlhaas' (1810) und den Aufsatz ‚Über das Marionettentheater' (1810).

Textbeispiel

Joseph von Eichendorff: Mondnacht (1837)

Es war, als hätt der Himmel
die Erde still geküßt,
daß sie im Blütenschimmer
von ihm nun träumen müßt.

Die Luft ging durch die Felder,
die Ähren wogten sacht,
es rauschten leis die Wälder,
so sternklar war die Nacht.

Und meine Seele spannte
weit ihre Flügel aus,
flog durch die stillen Lande,
als flöge sie nach Haus.

1815–1848 Biedermeier

Begriff

Abgeleitet von Ludwig Eichrodts Parodie auf den treuherzigen Spießbürger, den „Schwäbischen Schullehrer Gottlieb Biedermaier“ (1850–1857). Übertragen auf bürgerliche Wohnkultur und Genremalerei (Spitzweg). Dann Schlagwort für die restaurative Phase bürgerlicher Beschaulichkeit zwischen Wiener Kongreß und Revolution 1848. Läuft z. T. parallel zur Spätromantik und zu der politisch engagierten literarischen Bewegung des „Jungen Deutschland“ oder des „Vormärz“.

Historischer Hintergrund des 19. Jahrhunderts

Kulturell wie politisch prägend sind zwei gegensätzliche Strömungen: Beharren, Restauration, Rückzug in die private Idylle einerseits, politisches Engagement für Fortschritt und Revolution andererseits. Die industrielle Revolution, ausgehend von England, bewirkt bedeutende wirtschaftliche und politische Veränderungen: Das Bürgertum erstarkt, der Wirtschaftsliberalismus (Adam Smith) führt zu ungehemmter wirtschaftlicher Konkurrenz. Zu der bürgerlichen Weltanschauung, dem Liberalismus, gehört das Recht ungehinderter Entfaltung des Individuums, ebenso die Forderung nach Menschenrechten und Verfassung. Mit der wirtschaftlichen Expansion entsteht die soziale Frage: Armut der ausgebeuteten Proletarier. Beginn der Arbeiterbewegung, kommunistisch und sozialistisch bestimmt. Forderung nach gesellschaftlicher Veränderung durch Wandel der ökonomischen Voraussetzungen.
Seit den Napoleonischen Kriegen Streben nach einer geeinten Nation (Nationalismus ist eine europäische Bewegung), vielfach verbunden mit sozialen Forderungen. Führende Kräfte sind Professoren und Studenten (Burschenschaften). Entgegen steht Metternichs Beharrungspolitik nach dem Wiener Kongreß: Wiederherstellung traditioneller Herrschaftsstrukturen (Papst, Könige) zur Rückkehr in vorrevolutionäre Zustände: „Heilige Allianz“ zwischen Rußland, Preußen und Österreich. Ergebnis ist eine lange Friedenszeit in Europa, aber auch die Abwehr liberaler Kräfte. Eine nationalstaatliche Gruppierung Europas wird zunächst verhindert. Deutschland ist ein loser Staatenbund mit latentem Dualismus Preußen–Österreich. Das zwar wirtschaftlich, aber nicht politisch emanzipierte Bürgertum pflegt Heim und Familie, abgetrennt von der Politik; der „Nachtwächterstaat“ soll Sicherheit und Ordnung garantieren.

Kultureller Hintergrund Spätromantik

Kein einheitlicher Zeitstil seit dem „Ende der Kunstperiode“ (Heine) mit Goethes Tod 1832. Die Spätromantik bestimmt noch die Musik (Franz Schubert, Robert Schumann, Carl Maria von Weber) bis zu Richard Wagner sowie die Malerei (C. D. Friedrichs 'unermeßliche' Landschaft). Die schwäbische Romantik bringt vor allem Lyrik hervor (Ludwig Uhland, Eduard Mörike).

Klassizismus

Architektonische Ausgestaltung der Großstädte (Berlins durch Schinkel; München unter Ludwig I.), Bau repräsentativer Bürgerhäuser als Höhepunkt der Wohnkultur.

1814/15 Wiener Kongreß 1815 Deutscher Bund: 35 Fürsten und 4 freie [Reichsstädte
1815 Jenaer Burschenschaften (Ehre, Freiheit, Vaterland)
1819 Karlsbader Beschlüsse 1833 Deutscher Zollverein
1835 Eisenbahn Nürnberg–Fürth 1844 Weberaufstand in Schlesien
Metternich (1773–1859) lenkt 40 Jahre lang Österreichs Politik

Geistesgeschichtlicher Hintergrund Historismus

Der Jurist *Friedrich Karl von Savigny* (1779–1861) begründet die historische Schule im Bereich des Rechts; mit *Leopold von Ranke* (1795–1886) beginnt die empirisch-kritische Geschichtswissenschaft. Entwicklung eines konservativ geprägten Traditionsbewußtseins.

Staatsidee Hegels

Der Philosoph *Friedrich Hegel* (1770–1831) setzt den Begriff des Staates an die Stelle des romantischen Volksbegriffs. Natur und Geschichte sind einheitliche Erscheinungsformen des Geistes, der Weltvernunft (Gott). Geschichte entwickelt sich dialektisch, jede Stufe hat ihr historisches Recht auf dem Weg zum bestmöglichen Staat. Es gilt für den Rechtsstaat zu streiten.

Tendenzen und Merkmale

Biedermeier ist bürgerlich gewordene Romantik. Nach den Revolutionskriegen Bedürfnis nach Ruhe und Ordnung, privatem Glück und innerem Frieden. Einsicht in die Diskrepanz zwischen Ideal und Wirklichkeit, entsagende Anerkennung der Bedingtheit menschlichen Lebens: Selbstbescheidung, Mäßigung, Unterwerfung, Resignation. Die Dichtung ist betont innerlich, oft von verzichtender Melancholie („Doch in der Mitten/liegt holdes Bescheiden", Mörike), schlicht in Sprache und Form. Liebe zum Kleinen, zum Alltäglichen, zur Natur. Genaue und detaillierte Beschreibungen entstehen. Die Tendenz des Bewahrens zeigt sich auch in der Wahl historischer Themen und dem Rückgriff auf das Ideal des Schönen/Guten der Klassik, z. B. bei Stifter. Es entstehen Stimmungsbilder, Novellen, Kalender- und Almanachgeschichten, Balladen, historische Dramen und Rührstücke.

Autoren und Werke

Annette von Droste-Hülshoff (1797–1848): ‚Die Judenbuche' (Novelle, 1842): Mit sparsamen sprachlichen Mitteln entsteht eine erschreckende Realität. Lyrik (1844).
Franz Grillparzer (1791–1872), österreichischer Dramatiker: u. a. ‚König Ottokars Glück und Ende' (1825), ‚Des Meeres und der Liebe Wellen' (1831), ‚Ein Bruderzwist in Habsburg' (1872).
Karl Immermann (1796–1840): ‚Die Epigonen' (1836), ‚Münchhausen' (1838/39).
Eduard Mörike (1804–1875): ‚Maler Nolten' (Roman, 1832): romantische Motive, aber Gestaltung der Personen aufgrund moderner psychologischer Einsichten. Gedichte, Märchen, Novelle: ‚Mozart auf der Reise nach Prag' (1856).
Adalbert Stifter (1805–1868). Erzählungen: ‚Die Mappe meines Urgroßvaters' (1841/42), ‚Bunte Steine' (1852). Bildungsroman in der Nachfolge von Goethes ‚Wilhelm Meister': ‚Der Nachsommer' (1857).

Textbeispiel

Adalbert Stifter: Vorrede zu ‚Bunte Steine' (1852, Ausschnitt)
[. . .] Das Wehen der Luft, das Rieseln des Wassers, das Wachsen der Getreide, das Wogen des Meeres, das Grünen der Erde, das Glänzen des Himmels, das Schimmern der Gestirne halte ich für groß: das prächtig einherziehende Gewitter, den Blitz, welcher Häuser spaltet, den Sturm, der die Brandung treibt, den feuerspeienden Berg, das Erdbeben, welches Länder verschüttet, halte ich nicht für größer als obige Erscheinungen, ja ich halte sie für kleiner, weil sie nur Wirkungen viel höherer Gesetze sind. Sie kommen auf einzelnen Stellen vor und sind die Ergebnisse einseitiger Ursachen. Die Kraft, welche die Milch im Töpfchen der armen Frau empor schwellen und übergehen macht, ist es auch, die die Lava in dem feuerspeienden Berge empor treibt [. . .].

Begriff

Der Schriftsteller Ludolf Wienbarg 1834 in seinen ‚Ästhetischen Feldzügen': „Dem jungen Deutschland, nicht dem alten widme ich diese Reden." Erst das Verbot ihrer Schriften (1835) als „antichristlich", „gotteslästerlich" bezeichnet die jungen, revolutionären Schriftsteller, u. a. Ludwig Börne, Karl Gutzkow, Heinrich Heine, Heinrich Laube, als eine Bewegung. Sie ist Teil einer europäischen Jugendbewegung, z. B. Les Jeunes-France, Giovina Italia.

Historischer Hintergrund

Die akademische Jugend vor allem widersetzt sich der Restauration nach dem Wiener Kongreß. Das Wartburgfest 1817 (Gedenken an die Reformation und den Kampf gegen Napoleon) wird durch die öffentliche Verbrennung reaktionärer Schriften durch Studenten zum Signal. Nach der Ermordung des vermeintlichen russischen Spions, des Erfolgsschriftstellers August von Kotzebue, durch den Theologiestudenten Karl Ludwig Sand (1819) Erlaß der „Karlsbader Beschlüsse": Zensur von Büchern und Zeitungen, Verbot der Burschenschaften, Überwachung der Universitäten („Demagogenverfolgungen"). Nach der Julirevolution in Frankreich 1830 Aufstände vor allem im Südwesten Deutschlands. Forderungen: Bundesreform, Verfassungen, Pressefreiheit. 1832 Hambacher Fest (Jahrestag der bayerischen Verfassung): revolutionäre Reden. 1833 Versuch radikaler Studenten, den Frankfurter Bundestag zu stürmen. Verschärfte Verfolgungen, Ausweisung protestierender Göttinger Professoren, u. a. der Brüder Grimm.

Geistesgeschichtlicher Hintergrund

Vernunftethik der Aufklärung, Hegels Geschichtsphilosophie; die Junghegelianer übernehmen seinen Gedanken der Dialektik in der geschichtlichen Entwicklung. *Ludwig Feuerbach* (1804–1872): Natur als Grund des Geistes, Wissen statt Glauben, Sein bestimmt das Bewußtsein – Basis für *Karl Marx* (1818–1883), u. a. das ‚Kommunistische Manifest' (1848). Einfluß von *Saint-Simon* (1760–1825): Erst materielle Gleichheit macht persönliche Freiheit möglich.

Tendenzen und Merkmale

Ablehnung des Absolutismus, der orthodoxen Kirche, des Idealismus von Klassik und Romantik, des Philistertums („Das Leben ist des Lebens höchster Zweck"). Engagement für Presse- und Meinungsfreiheit, Sozialismus, Frauenemanzipation, freie Liebe.
Entstehung eines deutschen Journalismus; Schriftsteller publizieren in den Feuilletons (z. B. Börne, Heine) u. a. satirische Reisebilder.
Vor allem erzählende Literatur: Zeit- und Gesellschaftsromane unter dem Einfluß von Victor Hugo, Honoré de Balzac, George Sand, Lord Byron. Novellen, Reisebriefe, tagebuchartige Skizzen, Aphorismen. Gegen die „Stagnation" der Goethezeit werden Politik und Sozialkritik Anlaß der Literatur, einer „Tendenzliteratur". Die Denkweise ist ahistorisch, zeitnah; die Sprache salopp, provozierend, satirisch.

1817 Wartburgfest
1819 Karlsbader Beschlüsse („Demagogenverfolgung")
1830 Julirevolution in Frankreich 1832 Hambacher Fest
1837 Ausweisung der „Göttinger Sieben"
März 1848 Revolution 1848/49 Paulskirchenreform

Autoren und Werke

Georg Büchner (1813–1837). Aktive Teilnahme am politischen Kampf gegen soziale Mißstände und Kleinstaaterei. ‚Der hessische Landbote' (1834) als erste sozialistische Kampfschrift. Entscheidender Einfluß auf die Moderne, erst im Naturalismus 'wiederentdeckt': Drama ‚Woyzeck' (als Fragment überliefert): realistische Darstellung der seelischen Zerstörung eines Menschen. Novelle ‚Lenz' als psychologische Studie. Revolutionsdrama ‚Dantons Tod' (1835). Komödie ‚Leonce und Lena' (1836): innere Leere in der feudalen Gesellschaft; groteske und visionäre Züge, expressive Darstellung; optische und akustische Mittel der Darstellung verweisen auf das 20. Jahrhundert.
Christian Dietrich Grabbe (1801–1836). In historischen Dramen realistische, wissenschaftlich gestützte Darstellung: ‚Die Hohenstaufen' (1829/30), ‚Napoleon oder Die hundert Tage' (1831), ‚Die Hermannsschlacht' (1838). Lustspiel ‚Scherz, Satire, Ironie und tiefere Bedeutung' (1827).
Karl Gutzkow (1811–1878): Zeitromane. ‚Wally, die Zweiflerin' (1835) als unmoralisch verboten. Romantheorie s. ‚Die Ritter vom Geiste', Vorwort (1850/51).
Heinrich Heine (1797–1856) verkörpert die innere Zerrissenheit eines Menschen an einer Zeitgrenze: zwischen idealistischer Philosophie, ausgehender Romantik und materialistisch gesehener Wirklichkeit, zwischen wahrem Gefühl und weltverachtendem Zynismus: „und ein Narr wartet auf Antwort". Geprägt durch jüdisches Elternhaus (er ließ sich später taufen), Emigration 1831 nach Paris wegen politischer Verfolgung, Haßliebe zu Deutschland (‚Nachtgedanken': „Denk ich an Deutschland in der Nacht,/Dann bin ich um den Schlaf gebracht"), schwere Krankheit in den letzten Lebensjahren („Matratzengruft").
Lyrik: ‚Buch der Lieder' (1827), ‚Neue Gedichte' (1844), ‚Romanzero' (1851), Gedichte vom Krankenlager. *Prosa:* ‚Reisebilder' (1826–1831), Romanfragment ‚Der Rabbi von Bacherach' (1840); Thema: Unterdrückung der Juden. Versepen ‚Atta Troll. Ein Sommernachtstraum' (1841): Satire auf unkünstlerische Zeitkritik; ‚Deutschland. Ein Wintermärchen' (1844): beißende Kulturkritik.

Textbeispiele

Georg Büchner: Der hessische Landbote (1834, Ausschnitt)

FRIEDE DEN HÜTTEN! KRIEG DEN PALÄSTEN!
Im Jahre 1834 siehet es aus, als würde die Bibel Lügen gestraft. Es sieht aus, als hätte Gott die Bauern und Handwerker am fünften Tage und die Fürsten und Vornehmen am sechsten gemacht, und als hätte der Herr zu diesen gesagt: „Herrschet über alles Getier, das auf Erden kriecht", und hätte die Bauern und Bürger zum Gewürm gezählt. [...]

Heinrich Heine: Ich hatte einst ein schönes Vaterland (1844)
Ich hatte einst ein schönes Vaterland.
Der Eichbaum
Wuchs dort so hoch, die Veilchen nickten sanft.
Es war ein Traum.

Das küßte mich auf deutsch und sprach auf deutsch
(Man glaubt es kaum,
Wie gut es klang) das Wort: „Ich liebe dich!"
Es war ein Traum.

Begriff

lat. res = Sache. Sachbezug als Programm einer gesamteuropäischen Literaturbewegung (z. B. Stendhal, Flaubert, Dickens); in Deutschland der Epoche zwischen dem Scheitern der 1848er Revolution und dem Ende der Bismarck-Ära. Nach Otto Ludwig „poetischer" oder „psychologischer" Realismus. Das Bürgertum ist Träger von Wirtschaft und Kultur.

Historischer Hintergrund

Die Ära Bismarcks ist geprägt von nationalstaatlichen Einigungsbestrebungen, außenpolitischer Machtdemonstration und erfolgreicher europäischer Vertragspolitik. In der Innenpolitik Disziplinierung (Kulturkampf, Sozialistengesetz), gleichzeitig Sozialpolitik. Mit dem seit 1848 prägenden Gedanken eines Nationalstaats verbindet sich bei zunehmendem Selbstbewußtsein des Bürgertums die Vorstellung einer Weltgeltung Deutschlands: Nationalismus und Imperialismus sind Grundströmungen auch der europäischen Politik bis zum Ersten Weltkrieg.
Nach dem Krieg zwischen Preußen und Österreich 1866 Auflösung des Deutschen Bundes; kleindeutsche Nationallösung unter Führung Preußens einerseits, Doppelmonarchie Österreich-Ungarn (Vielvölkerstaat als Keimzelle des Ersten Weltkriegs) andererseits.
Versuch einer Lösung der sozialen Frage; 1869 Gründung der Sozialdemokratischen Arbeiterpartei (August Bebel, Wilhelm Liebknecht). Nach dem Deutsch-Französischen Krieg „Gründerjahre", Milliarden von Reparationszahlungen an Deutschland. Seit 1878 Kurswechsel vom Liberalismus zum Konservativismus. Zunehmende außenpolitische Spannungen.

Kultur- und geistesgeschichtlicher Hintergrund

Der gewaltige Aufschwung in Naturwissenschaft und Technik führt zur Vorstellung der Erklärbarkeit aller Dinge und des Menschen. Entdeckungen und Erfindungen: Röntgenstrahlen (Röntgen), Dieselmotor (Diesel), drahtlose Telegraphie (F. Braun), Elektrizitätslehre (Hertz), Pathologie (Virchow), Bakteriologie (R. Koch). Auflösung der Religion in der Anthropologie (David Friedrich Strauß und Ludwig Feuerbach). Beginn einer materialistischen Naturlehre bei Ludwig Büchner (‚Kraft und Stoff', 1855). Determinismus bei Charles Darwin (‚Über den Ursprung der Arten', 1859), kausalgesetzliche Bedingtheit des Seelenlebens bei Ernst Haeckel.
Archäologische Forschungen (Schliemann: Troja), Geschichtswissenschaft in Verbindung mit politischen Fragen: Heinrich von Treitschke, Theodor Mommsen, Friedrich Meinecke. Illusions- und Glaubenslosigkeit angesichts der Erkenntnis, daß der Mensch einer Kausalkette schicksalhafter Faktoren ausgeliefert ist, gegen die zu kämpfen nur tragisch enden kann (Hebbel). Kulturpessimismus Arthur Schopenhauers (in der Welt sein heißt leiden, Rettung nur durch Verneinung des Willens zum Leben). Andererseits oberflächlicher Optimismus und Fortschrittsgläubigkeit in weiten Teilen des Bürgertums, dessen Geschmack weitgehend bestimmt wird von Trivialliteratur, z. B. der weit verbreiteten Familienzeitschrift ‚Die Gartenlaube' (seit 1843).

1862 Eintritt Bismarcks in die preußische Politik, 1871–1890 Reichskanzler
1866 Krieg zwischen Österreich und Preußen; Norddeutscher Bund
1870 Deutsch-Französischer Krieg 1871 Deutsches Kaiserreich

Tendenzen und Merkmale

Sach- und Dinggebundenheit; Versuch einer objektiven Wirklichkeitsdarstellung. Vorrang der erzählenden Literatur mit genauen Zustandsbeschreibungen. In der Novelle als „Schwester des Dramas“ psychologisch feine Charakterisierung, strukturierende Leitmotivik (z. B. Storm: ‚Der Schimmelreiter‘). *Novellentheorie* von *Paul Heyse:* Bedeutung des Dingsymbols. Stilistische Objektivierung durch Form der Chronik, Rahmenerzählung, fingierten Erzähler, Rückgriff auf Zeitungsmeldungen und Gesellschaftsnachrichten (Fontane: ‚Effi Briest‘). Entwicklungsroman als Spiegel des Bürgertums (Keller, Raabe, Fontane). Mittelpunkt ist der bürgerliche Alltag. Milieuschilderungen dienen der Verdeutlichung seelischer Vorgänge. Entsagende Melancholie und Humor als „Waffe gegen die Bedrohung des Daseins“ (Raabe, Keller). Außenseiter und Käuze in trügerischer Idylle. Historische Romane und Erzählungen (C. F. Meyer, Gustav Freytag).

Autoren und Werke

Theodor Fontane (1819–1898). Gesellschaftsromane: ‚Vor dem Sturm‘ (1878), ‚Schach von Wuthenow‘ (1882), ‚Irrungen Wirrungen‘ (1887), ‚Stine‘ (1890), ‚Unwiederbringlich‘ (1891), ‚Frau Jenny Treibel‘ (1892), ‚Effi Briest‘ (1894/95), ‚Die Poggenpuhls‘ (1895/96), ‚Der Stechlin‘ (1897). ‚Wanderungen durch die Mark Brandenburg‘ (1862–1882). Balladen und Erzählungen.
Friedrich Hebbel (1813–1863), einziger bedeutender Dramatiker. Hauptthema: Scheitern eines tragischen Individuums in der Welt. ‚Judith‘ (1840), ‚Maria Magdalene‘ (1844), ‚Agnes Bernauer‘ (1855), ‚Die Nibelungen‘ (1861).
Gottfried Keller (1819–1890): ‚Der grüne Heinrich‘ (1854/55, 1879): bedeutendster Entwicklungsroman nach Goethe und Jean Paul. ‚Martin Salander‘ (1886): Zeitbild der Gründerjahre. Novellenzyklen, u. a. ‚Die Leute von Seldwyla‘ (1856, 1874), ‚Zürcher Novellen‘ (1876–1878).
Conrad Ferdinand Meyer (1825–1898). Gedichte und Novellen, u. a. ‚Das Amulett‘ (1873), ‚Der Schuß von der Kanzel‘ (1878), ‚Gustav Adolfs Page‘ (1882), ‚Die Hochzeit des Mönchs‘ (1884).
Wilhelm Raabe (1831–1910). Romane: ‚Die Chronik der Sperlingsgasse‘ (1857), ‚Der Hungerpastor‘ (1864), ‚Stopfkuchen. Eine See- und Mordgeschichte‘ (1891).
Theodor Storm (1817–1888), geprägt durch die nordfriesische Landschaft. Lyrik im Ton der Spätromantik. Novellen, u. a. ‚Immensee‘ (1850), ‚Zur Chronik von Grieshuus‘ (1884), ‚Der Schimmelreiter‘ (1888).

Textbeispiel

Theodor Fontane: Effi Briest (1894/95, Romananfang)
In Front des schon seit Kurfürst Georg Wilhelm von der Familie von Briest bewohnten Herrenhauses zu Hohen-Cremmen fiel heller Sonnenschein auf die mittagsstille Dorfstraße, während nach der Park- und Gartenseite hin ein rechtwinklig angebauter Seitenflügel einen breiten Schatten erst auf einen weiß und grün quadrierten Fliesengang und dann über diesen hinaus auf ein großes, in seiner Mitte mit einer Sonnenuhr und an seinem Rande mit Canna indica und Rhabarberstauden besetztes Rondell warf. [...] Fronthaus, Seitenflügel und Kirchhofsmauern bildeten ein einen kleinen Ziergarten umschließendes Hufeisen, an dessen offener Seite man eines Teiches mit Wassersteg und angekettelten Boot und dicht daneben einer Schaukel gewahr wurde, deren horizontal gelegtes Brett zu Häupten und Füßen an je zwei Stricken hing – die Pfosten der Balkenlage schon etwas schief stehend. [...]

Begriff

Naturgetreue Abbildung der Wirklichkeit ohne Stilisierung oder metaphysische Überhöhung; die im Realismus begonnene objektivierende Tendenz wird radikal fortgesetzt. Gesamteuropäische Bewegung; in Deutschland seit den ‚Kritischen Waffengängen' der Brüder Hart (1882). Begriff in der Epoche selbst entstanden, als „Revolution der Literatur" gemeint.

Historischer und geistesgeschichtlicher Hintergrund

Blütezeit des politischen und wirtschaftlichen Imperialismus. Einerseits selbstgefällig-repräsentative Kultur des Wilhelminismus (z. B. Siegesallee, Reichstag in Berlin), andererseits Mietskasernen mit lichtlosen Hinterhöfen für ein verelendetes Proletariat. Positivismus als Weltanschauung: Lehre von der Gesetzmäßigkeit aller Dinge ohne metaphysische Voraussetzung. Der Mensch ist wie die Natur wissenschaftlich erklärbar als Produkt von Erbgut, Milieu, geschichtlicher Situation. Einfluß der Lehren von Ludwig Feuerbach, Charles Darwin, Karl Marx. Aufgabe der Kunst: Aufdeckung der Kausalzusammenhänge im menschlichen Schicksal.

Tendenzen und Merkmale

Einfluß der Literaturtheorie von Émile Zola (1840–1902): 'roman experimental': „Kunst ist nur ein Stück Natur, gesehen durch ein Temperament"; der russischen Realisten Leo Tolstoj (1828–1910), Fjodor Dostojewski (1821–1881); des psychologischen Dramas von Henrik Ibsen (1828–1906): ‚Nora', ‚Gespenster', und von August Strindberg (1849–1912): ‚Fräulein Julie'. Prosa vielfach in Reportage- und Dokumentationsstil.

Drama

Im Schauspiel Versuch der Herstellung von Wirklichkeit auf der Bühne: Alltagsmenschen (Arbeiter, Kleinbürger), Ausgestoßene (Alkoholiker, Kranke, Geistesgestörte). Alltagssprache (Stottern, Stammeln, Dialekt). Analytische Charakterdramen: geringe Personenzahl, ausführliche Bühnenanweisungen, szenische Details; Sekundenstil, Vermeidung des Monologs als 'unrealistisch'. Fiktive „vierte Wand" zum Publikum: Schlüssellochperspektive.

Autoren und Werke

Gerhart Hauptmann (1862–1946). Soziale Dramen: ‚Vor Sonnenaufgang' (1889), ‚Die Weber' (1892), ‚Der Biberpelz' (1893), ‚Fuhrmann Henschel' (1898), ‚Rose Bernd' (1903), ‚Die Ratten' (1911). Novelle ‚Bahnwärter Thiel' (1888).
Arno Holz (1863–1929) mit *Johannes Schlaf* (1862–1941): naturalistische Kunstlehre. Gedichte: ‚Phantasus' (1898), Schauspiele: u. a. ‚Papa Hamlet' (1889), Novellen.

Textbeispiel

Arno Holz: Vorwort zur Komödie ‚Sozialaristokraten' (1896, Ausschnitte)
Die Sprache des Theaters ist die Sprache des Lebens. Nur des Lebens! Und es versteht sich von selbst, daß damit für jeden [...] ein Fortschritt in dieser Kunst eingeleitet ist, eine neue Entwicklungs-, nicht bloß Möglichkeit, sondern -Notwendigkeit. [...] Ihr Ziel zeichnet sich klar: [...] statt des bisher überliefert gewesenen posierten Lebens [...] das nahezu wirkliche zu setzen, mit einem Wort, aus dem Theater allmählich das „Theater" zu drängen [...].

1888 Dreikaiserjahr, Beginn Wilhelms II. 1890 Entlassung Bismarcks
Seit 1898 Erweiterung des Kolonialbesitzes. Flottenpolitik

Im schroffen Gegensatz zum Naturalismus wird die Möglichkeit einer objektiven Erkenntnis und Darstellung der Tatsachenwirklichkeit bestritten und statt dessen versucht, subjektive Wahrheit kunstvoll zu gestalten.

Richtungen

Impressionismus (lat. impressio = Eindruck): Wiedergabe subjektiv-sinnlicher Eindrücke und Stimmungen („Nervenkunst"). Das Naturobjekt wird Anreiz und Auslöser für seelische Regungen (Detlev von Liliencron, Richard Dehmel, der junge Rilke).
Neoromantik: Stilisierung, romantischer Schönheitskult, fern von gesellschaftlichem Bezug: l'art pour l'art (Rilke, Hesse, der junge Hofmannsthal).
Neoklassik: Strenge, klassische Form als Ausdruck aristokratischen Lebensgefühls (Stefan George und sein schöngeistiger Kreis).

Geistesgeschichtlicher Hintergrund

Friedrich Nietzsches elitär-aristokratische Vorstellung des „Übermenschen" sowie Arthur Schopenhauers Philosophie (nur das künstlerische Genie überwindet durch Phantasie und reine Kontemplation die Kausalität der Welt) als Vorbilder. Einfluß der französischen *Symbolisten* (Charles Baudelaire: ‚Fleurs du mal', Paul Verlaine, Stéphane Mallarmé, Arthur Rimbaud).

Tendenzen und Merkmale

Kritische Distanz zur Alltagswirklichkeit und zum Zeitgeschehen, zum amusischen, selbstzufriedenen Bürger. Absonderung des genialen einzelnen von der Masse (George). Musikalität und Erlesenheit des Wortes (Rilke, George), kunstvolle Stilisierung (Jugendstil), Verinnerlichung und Askese, Melancholie (décadence, Fin-de-siècle-Stimmung) und Ekstase.
In Lyrik und lyrischem Drama suggestive Kraft des Wortes bis zur Übersteigerung in einem magisch-mystischen Ästhetizismus.

Autoren und Werke

Arthur Schnitzler (1862–1931): Schauspiele ‚Anatol' (1893), ‚Reigen' (1900).
Stefan George (1868–1933): ‚Blätter für die Kunst' (Hrsg.); Lyrik: ‚Algabal' (1892), ‚Der siebente Ring' (1907), ‚Der Stern des Bundes' (1914).
Hugo von Hofmannsthal (1874–1929): Lyrik. Dramen: ‚Der Thor und der Tod' (1894), ‚Der Rosenkavalier' (1911), ‚Jedermann' (1911), ‚Der Schwierige' (1921), ‚Der Turm' (1925).
Rainer Maria Rilke (1875–1926): Lyrik: ‚Das Buch der Bilder' (1902), ‚Das Stundenbuch' (1905), ‚Neue Gedichte' (1907/08), ‚Duineser Elegien' (1923), ‚Sonette an Orpheus' (1923). Prosa: ‚Die Aufzeichnungen des Malte Laurids Brigge' (1904–1910).
Hermann Hesse (1877–1962): Romane: ‚Peter Camenzind' (1904), ‚Unterm Rad' (1906), ‚Demian' (1919).

Textbeispiel

Hugo von Hofmannsthal: Gabriele d'Annunzio (1893, Ausschnitte aus dem Essay)
[...] Heute scheinen zwei Dinge modern zu sein: die Analyse des Lebens und die Flucht aus dem Leben. [...] Man treibt Anatomie des eigenen Seelenlebens oder man träumt. Reflexion oder Phantasie, Spiegelbild oder Traumbild [...]; modern ist die [...] fast somnambule Hingabe an jede Offenbarung des Schönen, an einen Farbenakkord, eine funkelnde Metapher, eine wundervolle Allegorie [...].

Begriff

lat. expressio = Ausdruck. Zunächst als Ausdruckskunst Bezeichnung für europäische bildende Kunst zu Anfang des Jahrhunderts, z. B. die Malerei von Paul Cézanne, Henri Matisse, Vincent van Gogh; seit 1911 auch für die Literatur (1910–1925); häufig identisch mit 'Moderne'. Einzige noch ungefähr abgrenzbare literarische Epoche des 20. Jahrhunderts.

Historischer HIntergrund

Die Generation der zwischen 1875 und 1895 geborenen Schriftsteller, Maler und Bildhauer ist geprägt durch das Kaiserreich seit 1871: den Ersten Weltkrieg, die Großstadterfahrung, die Regierungszeit Wilhelms II. (1888–1918): zunächst „Bürgerkaiser", dann nur Nationalist. Vorrang des Militärischen (Carl Zuckmayer, ‚Der Hauptmann von Köpenick': „Der Mensch fängt erst beim Leutnant an").

In den Gründerjahren nach 1871 entsteht ein neureiches, selbstzufriedenes Bürgertum. Der Konflikt mit den Vätern der Gründerzeitgeneration ist beherrschendes Motiv expressionistischer Literatur, z. B. Franz Kafka: ‚Das Urteil'. Die jungen Künstler lehnen Naturalismus, Militarismus und Kapitalismus ab und fordern Kosmopolitismus, Pazifismus, Sozialismus.

Die Erfahrung der Großstadt (Folgen der Industrialisierung, Ballung sozialer Probleme, Isolation, Alkohol, Drogen) wird gestaltet in Großstadtromanen (z. B. Alfred Döblin: ‚Berlin Alexanderplatz'). Vorstellung vom „Sumpf der Stadt", „Sodom und Gomorrha, Gott Baal" (Georg Heym, Bertolt Brecht): Entlarvung einer faszinierenden inneren Zerstörung.

Erfahrung des Krieges als „Vision des Grauens" (sinnloser Tod junger Kriegsfreiwilliger bei Langemarck, 1914; Verdun, 1915: 500000 Tote; Giftgas, Tanks), Hilflosigkeit z. B. der Ärzte und Sanitäter (Gottfried Benn, Georg Trakl); Versagen aller bisherigen Wertvorstellungen (Gedichtanthologie ‚Menschheitsdämmerung', hrsg. von Kurt Pinthus, 1920).

Hoffen auf einen neuen Anfang auch in der Politik.

Geistesgeschichtlicher Hintergrund

Sozialrevolutionäre Vorstellung von Kommunismus und Sozialismus. Aus der Erfahrung einer unmenschlich gewordenen Zivilisation Ablehnung des positivistischen Weltbildes.

Darwinismus (Charles Darwin, 1809–1882, Naturwissenschaftler: Kampf ums Dasein. Der Stärkere siegt). Erkenntnis: Der Mensch ist determiniert, nicht mehr „Ebenbild Gottes" → Verlust eines ganzheitlichen Menschenbildes.

Kulturpessimismus, Antimoralismus (Friedrich Nietzsche, 1844–1900, Philosoph und Schriftsteller: ‚Also sprach Zarathustra': „Gott ist tot"; „Wir brauchen einen neuen Menschen") → Verlust religiöser Bindung und übergeordneter Sinngebung des Lebens, Umwertung der Werte (→ Kafka, Th. Mann).

Psychoanalyse (Sigmund Freud, 1856–1939, Nervenarzt): Seelenkunde, Entdeckung des Unbewußten, Traumdeutung, Lehre von Ich, Es und Über-Ich → Verlust der Identität.

1871–1918 Deutsches Kaiserreich (seit 1888 Wilhelm II.)
1914–1918 Erster Weltkrieg (ca. 10 Millionen Tote)
1917 Oktoberrevolution in Rußland

Tendenzen und Merkmale

Erschrecken über das Versagen bisheriger Normen führt zur Ablehnung von Tradition und Denkweisen, die auf Logik und Erklärbarkeit beruhen. Aufbruch im politischen und im philosophisch-ästhetischen Bereich. Gegen Naturalismus und Impressionismus: statt Vorstellung der äußeren Erscheinung Ausdruck inneren Erlebens. Das 'Wesen' der Dinge wird wichtig; der Dichter als Künder innerlich geschauter Wahrheit soll bilden, nicht abbilden.
Die expressionistische Sprache wird extrem subjektiv, ist gekennzeichnet durch Pathos und Ekstase: 'Befreiung' des Wortes aus tradierten Zwängen und grammatischen Normen, fetzenartige Reihung, Montagen, groteske Verkürzungen; visionäre Bilder, weit hergeholte Metaphern, Farbsymbolik, Laut- und Klanggedichte (→ *Dadaismus*, *Bruitismus*): geballte Kraft der Aussage, verwirklicht u. a. in Lyrik und Dramatik; neue Ausdrucksmöglichkeiten auch in überkommenen Formen (Sonette Georg Trakls).

Programmatische Zeitschriften

Der Sturm (seit 1910), Die Aktion (seit 1911), Die Weltbühne, Fortsetzung der Schaubühne (seit 1918).

Autoren und Werke

Ernst Barlach (1870–1938), Dramatiker, Bildhauer, Graphiker: Drama ‚Der blaue Boll' (1926).
Gottfried Benn (1886–1956), in beiden Weltkriegen Militärarzt: Gedicht-Zyklen, Prosa, u. a. ‚Gehirne', ‚Die Eroberung' (1915).
Alfred Döblin (1878–1957), Facharzt für Nervenleiden: Erzählungen, u. a. ‚Ermordung einer Butterblume' (1913), Großstadtroman ‚Berlin Alexanderplatz' (1929).
Franz Kafka (1883–1924), entscheidender Einfluß bis in die Gegenwart: Erzählungen, u. a. ‚Das Urteil' (1912), ‚Die Verwandlung' (1915), ‚In der Strafkolonie' (1919); Romane: ‚Der Prozeß', ‚Das Schloß', ‚Amerika' (postum hrsg. von Max Brod).
Georg Kaiser (1878–1945): ‚Die Bürger von Calais' (1914), ‚Die Koralle' (1917), ‚Gas I', ‚Gas II' (1918/19): „Denkspiele".
Else Lasker-Schüler (1869–1945): Gedichtzyklen, Schauspiel ‚Die Wupper' (1909).
Heinrich Mann (1871–1950): ‚Professor Unrat' (1905), Trilogie: ‚Das Kaiserreich' (1918–1925), darin ‚Der Untertan' (1918).
Georg Trakl (1887–1914), Selbstmord nach dem Kriegserlebnis; Gedichte (1913).
August Stramm (1874–1915), in Rußland gefallen; Gedichte (1915).

Textbeispiel

August Stramm: Patrouille (1915/16)

Die Steine feinden
Fenster grinst Verrat
Äste würgen
Berge Sträucher blättern raschlig
Gellen
Tod.

Begriff

Unterschiedliche Benennungen, z. B. „Neue Sachlichkeit“, aus der bildenden Kunst übernommen, umstrittene Kennzeichnung einer wirklichkeitsorientierten Richtung gegen den verblassenden Expressionismus. Seit 1920 Begriff „expressiver Naturalismus“: intensiv-subjektive Gestaltung in wiedergewonnener Objektivität.

Historischer und politischer Hintergrund

In knapp einer Generation werden schwerwiegende Erschütterungen der politischen, gesellschaftlichen und wirtschaftlichen Verhältnisse sowie der Weltanschauung erlebt: zwei Weltkriege und der Zusammenbruch mehrerer Systeme – des Kaiserreichs 1918, der ‘ungeliebten’ Weimarer Republik („einer Republik ohne Republikaner“) 1933 und der totalitären nationalsozialistischen Diktatur 1945. Inflation und Weltwirtschaftskrise (6 Millionen Arbeitslose) bereiten im Kleinbürgertum, das die Proletarisierung fürchtet, den Boden für den Führerstaat. Der Kampf zwischen linken (Rotfrontkämpferbund) und rechten (SA) Extremen führt zu bürgerkriegsähnlichen Zuständen und einer Verachtung des ‘versagenden’ Parteienstaates. Propaganda für eine Revision des „Schandfriedens“ von Versailles findet Resonanz.
Nach 1933 äußere oder innere Emigration angesichts antihumaner Politik, rassischer Verfolgung. Bücherverbrennung am 10. 4. 1933: Werke von *Bertolt Brecht, Heinrich* und *Thomas Mann, Arthur Schnitzler, Erich Maria Remarque, Arnold* und *Stefan Zweig, Carl Zuckmayer* u. a. Persönliches Leid, Verfolgungen in der ‘inneren’, Not und Fremdheit in der äußeren Emigration. Die Schuld am Zweiten Weltkrieg, die Mitverantwortung der Mitwissenden für das Unrecht, das Versagen einer idealistischen Kultur angesichts von Brutalität und Perfektion des Verbrechens werden zentrale Themen der Literatur; ihre Aufarbeitung ist ein Versuch, nach Krieg und Zusammenbruch geistig zu überleben.

Geistesgeschichtlicher Hintergrund

Erneut Fragen nach dem Sinn der Seins: Existenzphilosophie von Martin Heidegger (1889–1976), Karl Jaspers (1883–1969). Der Mensch ist sich selbst und dem Sein entfremdet, ins Nichts gestoßen, bindungslos. Daher Suche nach neuer Orientierung in gesellschaftlichen Ideologien und Utopien und religiöser Besinnung; Einfluß der ‘Angstphilosophie’ Søren Kierkegaards (1813–1855).

Tendenzen und Merkmale Roman

Einfluß der Visionen in Kafkas Romanen, vor allem von Thomas Manns psychologischer Erzählweise mit seiner leitmotivischen Grundstruktur. Der Roman wird zur wichtigsten literarischen Gattung, hier findet eine ‘Bilanzierung’ des Zeitalters statt (z. B. Heinrich Mann: ‚Ein Zeitalter wird besichtigt‘). Der große historische Roman gibt die Möglichkeit, im Exil Aufschluß über die eigene historische Situation zu gewinnen (H. Mann: ‚Henri Quatre‘). Thomas Mann verbindet Gegenwart und fiktive Vergangenheit in seinem ‚Doktor Faustus‘.

---

9. 11. 1918 Ausrufung der Republik
1923 Höhepunkt der Inflation
1933 Machtergreifung Hitlers

1939–1945 Zweiter Weltkrieg
20. 7. 1944 mißglücktes Attentat auf Hitler
8. 5. 1945 bedingungslose Kapitulation

1919 Frieden von Versailles
1929 Weltwirtschaftskrise
1935 Nürnberger Gesetze gegen die Juden
1942 „Endlösung“ der Judenfrage

Episches Theater

Brechts episches Theater ist Lehrtheater, Überwindung des Illusionstheaters. Sein Verfremdungseffekt zerstört die Illusion einer Identifikation mit dem Geschehen auf der Bühne und macht den Zuschauer zum kritischen Beobachter. Die Figuren sind 'Niemand'- oder 'Jedermann'-Gestalten mit parabolischer Bedeutung. Verschmelzung von Realität und Irrealität. Verwendung von Alltagssprache, Anspielungen, Untertreibung, Zuspitzung auf Modell und Exempel. Erwin Piscator inszeniert das Agitationstheater (Agitprop).

Autoren und Werke

Heinrich Mann (1871–1950): Romane: ‚Henri Quatre' (1935 und 1938). Autobiographie: ‚Ein Zeitalter wird besichtigt' (1945).
Thomas Mann (1875–1955): Novelle: ‚Der Tod in Venedig' (1912), Roman: ‚Der Zauberberg' (1924), ‚Joseph' (1933–1943); ‚Doktor Faustus' (1947).
Hermann Hesse (1877–1962): Romane: ‚Siddharta' (1922), ‚Der Steppenwolf' (1927), ‚Das Glasperlenspiel' (1943).
Robert Musil (1880–1942): Roman: ‚Der Mann ohne Eigenschaften' (1930–1943).
Stefan Zweig (1881–1942): Autobiographie: ‚Die Welt von gestern' (1943).
Carl Zuckmayer (1896–1977): Schauspiele: ‚Der Hauptmann von Köpenick' (1931), ‚Des Teufels General' (1946).
Bertolt Brecht (1898–1956): Stücke: ‚Dreigroschenoper' (1928), ‚Die heilige Johanna der Schlachthöfe' (1930), ‚Die Gewehre der Frau Carrar' (1937), ‚Furcht und Elend des Dritten Reiches' (1938), ‚Leben des Galilei' (1939), ‚Der gute Mensch von Sezuan' (1943).
Ödön von Horváth (1901–1938): Stücke: ‚Italienische Nacht' (1931), ‚Geschichten aus dem Wienerwald' (1931), ‚Kasimir und Karoline' (1932). Roman: ‚Jugend ohne Gott' (1937).

Textbeispiel

Bertolt Brecht: An die Nachgeborenen (III, 1933/38)

Ihr, die ihr auftauchen werdet aus der Flut
in der wir untergegangen sind
gedenkt
wenn ihr von unsern Schwächen sprecht
auch der finsteren Zeit
der ihr entronnen seid.

Gingen wir doch, öfter als die Schuhe die Länder wechselnd
durch die Kriege der Klassen, verzweifelt
wenn da nur Unrecht war und keine Empörung.

Dabei wissen wir doch:
Auch der Haß gegen die Niedrigkeit
verzerrt die Züge.
Auch der Zorn über das Unrecht
macht die Stimme heiser. Ach, wir
die wir den Boden bereiten wollten für Freundlichkeit
konnten selber nicht freundlich sein.

Ihr aber, wenn es so weit sein wird
daß der Mensch dem Menschen ein Helfer ist
gedenkt unsrer
mit Nachsicht.

Historisch-politische und kulturelle Situation

Bedingungslose Kapitulation Deutschlands am 8. 5. 1945. Flüchtlingsströme aus den Gebieten jenseits von Oder und Neiße, Aufteilung in Besatzungszonen (Potsdamer Konferenz, 1945). Übergangszeit – Versuch zu überleben, Wiederaufbau, Grundgesetz 1949 als Basis wertesetzender, demokratischer Ordnung. Zunehmende Ost-West-Spannungen (kalter Krieg, Berlin-Blockade) und tiefere Spaltung Deutschlands führen zu Identitätskrisen, aber auch zu Verdrängungen der jüngsten Vergangenheit in einer westlichen Wohlstandsgesellschaft. Alle politischen Strömungen (Studentenbewegung 1968, außerparlamentarische Opposition [APO], Frauenbewegung, Friedensinitiativen, Rüstungsfragen) spiegeln sich auch in der Literatur; entschiedenes politisches Engagement einiger Schriftsteller, z. B. von *Heinrich Böll* und *Günter Grass.* Die Frage nach der Aufgabe des Schriftstellers in einer bürokratisierten Welt mit Feindbildern und der Gefahr der Sinnentleerung, des Bindungsverlustes, verdrängter Verantwortung, stellt sich in einer 'pluralistischen Gesellschaft', der Freiräume für Kritik, Protest und Widerstand systemimmanent sind: „Daß der Autor engagiert sein soll, halte ich für selbstverständlich. Für mich ist das Engagement die Voraussetzung, es ist sozusagen die Grundierung" (Böll, 1961).

Tendenzen und Merkmale

Skepsis gegenüber 'verbrauchten' Formen, Wiederkehr der alten als Parodie, Paradoxon (z.B. aristotelische Einheiten bei Dürrenmatt: ‚Die Physiker'). Aufbrechen der Grenzen zwischen den literarischen Gattungen: epische Komponenten im Drama, Dialog und Monolog im Roman; Lyrik ist häufig optisch gegliederte Prosa. Das Hörspiel *(Günter Eich, Ingeborg Bachmann)* wird eine eigenständige Kunstform (innere Bühne, eher lyrisch als dramatisch).
Erfahrungen von Existenzphilosophie, Psychoanalyse werden aufgegriffen; Surrealismus wirkt nach – Neigung zum 'chiffrierten' Text, der sich eindeutiger Entschlüsselung entzieht, als 'subjektive' Wahrheit.
Einbeziehung von Technik und industrieller Erfahrungswelt.
Experimenteller Umgang mit der Sprache (Montagen, Einblendungen – Filmtechnik); das aus dem Kontext gelöste Detail erhält ein starkes Gewicht, gelegentlich beladen mit mythischem Bezug. Tendenz zur kleinen Form, zu Parabel, Exempel, Gleichnis, um Modellsituationen zu schaffen. Im Schauspiel anstelle der Tragödie die Groteske *(Friedrich Dürrenmatt).*
Einfluß ausländischer Literatur, vor allem auf das Erzählen; die Kurzgeschichte *(Ernest Hemingway)* entsteht nach 1945 in vielfacher Form. Entscheidende Nachwirkung Franz Kafkas: Überschneidung von Raum und Zeit, Verzicht auf eine durchstrukturierte Fabel zugunsten wechselnder Perspektiven; zyklisches Einkreisen mit ständig unterbrochener Bewegung.
In der Lyrik Anknüpfen an Expressionismus und Surrealismus. Neue Schreibweisen im hermetischen Gedicht *(Paul Celan),* in der konkreten Poesie, in der umgangssprachlich gefaßten Alltagslyrik.

---

23. 5. 1949 Grundgesetz; Gründung der Bundesrepublik Deutschland
1948/49 Blockade Berlins
1955 Ratifizierung des Deutschlandvertrages (Aufhebung des Besatzungsstatus durch die Westalliierten). Eintritt in die Nato
1972 Viermächteabkommen über Berlin, Grundlagenvertrag zwischen Bundesrepublik Deutschland und DDR

1. Phase 1945–1950

Fortsetzung formaler und inhaltlicher Traditionen (z. B. in der Naturlyrik), aber auch radikale Neuorientierung. Prägend sind Schriftsteller der Jahrgänge 1916–1925, die unmittelbar nach 1945 zu veröffentlichen beginnen unter dem Eindruck von Krieg und Vernichtung *(Heinrich Böll* [1917–1985], *Wolfgang Borchert* [1921–1947], *Paul Celan* [1920–1970], *Wolfdietrich Schnurre* [*1920]):

Trümmerliteratur

Kriegs- und Heimkehrerliteratur, Todeserinnerung, Fassen des Ungeheuerlichen in der 'Sprachlosigkeit' – in dieser existentiellen Grundsituation Protest gegen jede Art von Ideologie aus der Erfahrung einer mißbrauchten Generation; Mißtrauen gegen die mißbrauchte Sprache: „Es gab nur die Wahrheit. Nicht einmal die Sprache war mehr zu gebrauchen, die Nazijahre und die Kriegsjahre hatten sie unrein gemacht. Sie mußte erst mühsam wieder Wort für Wort abgeklopft werden. [...] Die neue Sprache, die entstand, war nicht schön, sie wirkte keuchend und kahl [...]" (Schnurre, 1960). *Borchert* schreibt in seinem Heimkehrerstück ‚Draußen vor der Tür' und in seinen Kurzgeschichten diese Trümmersprache: „Mein Bruder, der liegt nämlich da unten. Da. Jürgen zeigte mit dem Stock auf die zusammengesackten Mauern. Unser Haus kriegte eine Bombe. Mit einem Mal war das Licht weg im Keller. Und er auch. Wir haben noch gerufen. Er war viel kleiner als ich. Erst vier [...]" (‚Nachts schlafen die Ratten doch'). *Böll* erzählt von jungen Menschen in den letzten Kriegsjahren und unmittelbar nach 1945. Erzählungen: ‚Der Zug war pünktlich', 1949; ‚Wanderer, kommst du nach Spa...', 1950. Roman: ‚Wo warst du, Adam?', 1951.

Gruppe 47

Zusammenschluß engagierter Schriftsteller um *Hans Werner Richter* (*1908): *Ilse Aichinger* (*1921), *Alfred Andersch* (1914–1980), *Ingeborg Bachmann* (1926–1973), *Heinrich Böll* (1917–1985), *Günter Eich* (1907–1972), *Paul Celan* (1920–1970), Wolfgang Hildesheimer (*1916), *Walter Jens* (*1923), *Wolfgang Koeppen* (*1906), *Martin Walser* (*1927) u. a.

2. Phase 1950er Jahre

Schriftsteller der Jahrgänge bis 1929 beobachten kritisch die Wohlstandsgesellschaft und fassen sie in Satire und Groteske. Markierung: *Martin Walsers* Roman ‚Halbzeit' (1960). Kritik an der 'Vergeßlichkeit' der davongekommenen Wohlstandsbürger (*Friedrich Dürrenmatt* [*1921]: ‚Der Besuch der alten Dame', 1956). Pointierter Angriff auf eine manipulierende Kulturindustrie (*Böll:* Erzählung ‚Doktor Murkes gesammeltes Schweigen', 1958. Romane: ‚Haus ohne Hüter', 1954; ‚Billard um halbzehn', 1961). Rückgriff auf inneren Monolog, mehrperspektivische Darstellung, Überlagerung von Zeit- und Bewußtseinsschichten (*Max Frisch* [*1911]: Roman ‚Stiller', 1954: Doppelgängermotiv als Symbol einer Identitätskrise).

3. Phase 1960er Jahre

Aufbrechen der unbewältigten Vergangenheit: Drittes Reich, Kriegs- und Nachkriegszeit, innere und äußere Feindbilder. Verlust der Selbstsicherheit der Aufbaujahre. Markierungen: *Günter Grass'* Roman ‚Die Blechtrommel' (1959); *Max Frischs* Schauspiel ‚Andorra' (1961): Modell eines kollektiven Mordes an einem vermeintlichen Juden; *Uwe Johnsons* (1934–1984) Roman ‚Das dritte Buch über Achim' (1961); *Heinrich Böll:* ‚Ende einer Dienstfahrt' (1966); *Siegfried Lenz'* (*1926) Roman ‚Deutschstunde' (1968). Im Zuge innenpolitischer Auseinandersetzungen nach 1967 zunehmende Politisierung und verstärktes öffentliches Engagement der Schriftsteller.

4. Phase 1970er und Beginn der 1980er Jahre

Die Besinnung auf das eigene Ich und seine subjektive Welt zeugt von Ernüchterung und Distanz zu öffentlicher politischer Aktion. „Neue Sensibilität", „neue Innerlichkeit" heißt: Interesse an eigener und fremder Lebensgeschichte. Nach dem Verzicht auf eine komplexere Erfassung der Individualität während der politischen Aktion jetzt Suche nach persönlicher, auch geschichtlicher Identität: *Ingeborg Drewitz* (*1923): ‚Gestern war Heute. Hundert Jahre Gegenwart' (1978). *Peter Härtling* (*1933): ‚Hölderlin' (1976). *Christoph Meckel* (*1935): ‚Suchbild. Über meinen Vater' (1980).

Erzählende Literatur seit 1945

Aufarbeitung der Vergangenheit: *Alfred Andersch:* ‚Sansibar oder der letzte Grund' (1957). *Heinrich Böll:* ‚Billard um halbzehn' (1959). *Günter Grass:* ‚Die Blechtrommel' (1953), ‚Katz und Maus' (1961), ‚Hundejahre' (1963).
Identitätsprobleme, Fragen nach der Wirklichkeit: *Marieluise Kaschnitz:* ‚Das dicke Kind' (1951). *Max Frisch:* ‚Stiller' (1954), ‚Homo faber' (1957), ‚Mein Name sei Gantenbein' (1964). *Martin Walser:* ‚Ehen in Philippsburg' (1957), ‚Halbzeit' (1960), ‚Das Einhorn' (1966), ‚Brandung' (1985).
Neue Subjektivität: *Nicolas Born* (1937–1979): ‚Die erdabgewandte Seite der Geschichte' (1976). *Botho Strauß* (*1944): ‚Rumor' (1980).

Dramen seit 1945

Zunächst Parabeldrama in der Nachfolge Brechts, aber Mißtrauen in die noch für Brecht gültige Überzeugung von der Veränderbarkeit der Menschen bei Frisch und bei Dürrenmatt, der das Absurd-Komische und Groteske, die Welt des Irrenhauses darstellt. In den 60er Jahren Dokumentartheater: *Rolf Hochhuth* (*1931): ‚Der Stellvertreter' (1963). *Heinar Kipphardt* (1922–1982): ‚In der Sache J. Robert Oppenheimer' (1964). *Peter Weiss* (1916–1982): ‚Die Ermittlung' (1965). Daneben die Parabel und das Sprechtheater: *Peter Handke* (*1942): ‚Publikumsbeschimpfung' (1966), ‚Kaspar' (1968). Bei *Thomas Bernhard* (*1931) und *Botho Strauß* wird das „Befinden des Individuums" nach der Revolte der 70er Jahre aufgezeigt: subtile Vernichtung des Menschen, Isoliertheit, Verlust von Handlungs- und Erlebnisfähigkeit.
Bernhard: ‚Die Jagdgesellschaft' (1974), ‚Der Weltverbesserer' (1978).
Strauß: ‚Trilogie des Wiedersehens' (1976), ‚Groß und klein', Szenen (1978).
Das neue Volksstück: *Franz Xaver Kroetz* (*1946): ‚Stallerhof' (1972), ‚Oberösterreich' (1972), ‚Mensch Meier' (1978), ‚Nicht Fisch nicht Fleisch' (1981).

Lyrik seit 1945

Lösung von herkömmlichen Strukturen im hermetischen Gedicht, das allein auf einen Zusammenhang im Bewußtsein des Autors verweist – s. Gedichtsammlung ‚Die Niemandsrose' von *Paul Celan* (1963). Spiel mit Elementen der Alltagswelt, die 'bedeutsam' über sich hinausweisen, Lehren vermitteln sollen (*Hans Magnus Enzensberger* [*1929]). Konkrete Poesie (*Eugen Gomringer* [*1925], *Helmut Heißenbüttel* [*1921]). Politische Lyrik. In den 70er Jahren bis in die unmittelbare Gegenwart Verbindung von persönlichem und gesellschaftlichem Bezug (*Erich Fried* [*1921]).

Textbeispiel

Paul Celan (1963)

Schwarzerde, schwarze
Erde du, Stunden-
mutter
Verzweiflung:

Ein aus der Hand und ihrer
Wunde dir Zu-
geborenes schließt
deine Kelche.

Textbeispiele

Günter Eich: Träume (1953, Ausschnitt)

Nein, schlaft nicht, während die Ordner der Welt geschäftig sind!
Seid mißtrauisch gegen ihre Macht, die sie vorgeben für euch erwerben zu müssen!
Wacht darüber, daß eure Herzen nicht leer sind, wenn mit der Leere eurer Herzen gerechnet wird!
Tut das Unnütze, singt die Lieder, die man aus eurem Mund nicht erwartet!
Seid unbequem, seid Sand, nicht das Öl im Getriebe der Welt!

Hans Magnus Enzensberger: leuchtfeuer (1964, Ausschnitt)

dieses feuer beweist nichts,
es leuchtet, bedeutet:
dort ist ein feuer.
kennung: alle dreißig sekunden
drei blitze weiß. funkfeuer:
automatisch, kennung SR.
nebelhorn, elektronisch gesteuert:
alle neunzig sekunden ein stoß. [...]

Erich Fried: Reden (1983)

Zu den Menschen
vom Frieden sprechen
und dabei an dich denken
Von der Zukunft sprechen
und dabei an dich denken
Vom Recht auf Leben sprechen
und dabei an dich denken
Von der Angst um Mitmenschen
und dabei an dich denken –
ist das Heuchelei
oder ist das endlich die Wahrheit?

Friedrich Dürrenmatt: Die Physiker (1962, Schlußwort)

MÖBIUS [Physiker]: Ich bin Salomo. Ich bin der arme König Salomo. Einst war ich unermeßlich reich, weise und gottesfürchtig. Ob meiner Macht erzitterten die Gewaltigen. Ich war ein Fürst des Friedens und der Gerechtigkeit. Aber meine Weisheit zerstörte meine Gottesfurcht, und als ich Gott nicht mehr fürchtete, zerstörte meine Weisheit meinen Reichtum. Nun sind die Städte tot, über die ich regierte, mein Reich leer, das mir anvertraut worden war, eine blauschimmernde Wüste, und, irgendwo, um einen kleinen, gelben, namenlosen Stern, kreist, sinnlos, immerzu, die radioaktive Erde. Ich bin Salomo, ich bin Salomo, ich bin der arme König Salomo.

Kulturpolitik

Der Autor in der DDR sieht sich den Forderungen einer staatlichen Kulturpolitik gegenüber, die ihn ständig zur Stellungnahme und Auseinandersetzung zwingen, die sein Werk inhaltlich und formal beeinflussen. Die Vermittlung des Sozialismus ist ihm aufgetragen. Die Grenzen für die Entfaltung der Kunst in inhaltlicher und formaler Hinsicht werden zwar in den einzelnen Phasen unterschiedlich weit gesteckt, aber die staatliche Aufsicht hält bis heute an; nach wie vor erscheinen allzu kritische Werke von DDR-Autoren gar nicht oder nur in der Bundesrepublik Deutschland.

Vorphase 1945–1949 Rückkehr der Emigranten

Einige der Schriftsteller, die in der Zeit des Nationalsozialismus im Exil leben mußten, kehren in die damalige SBZ zurück in der Hoffnung auf eine antifaschistische und demokratische Entwicklung: u. a. *Johannes R. Becher, Bertolt Brecht, Stephan Hermlin, Stefan Heym, Peter Huchel, Anna Seghers, Friedrich Wolf, Arnold Zweig.* Das „klassische Erbe“ wird gepflegt: in der erzählenden Literatur die Klassiker und die Realisten des 19. Jahrhunderts, nicht jedoch ‘modernistische’ Autoren wie Franz Kafka.

Werke

Im Exil entstandene Werke, die sich mit dem Nationalsozialismus auseinandersetzen, erscheinen, z. B. *Anna Seghers:* ‚Das siebte Kreuz‘ (Roman, 1942/46), *Friedrich Wolf:* ‚Professor Mamlock‘ (Drama, 1935 uraufgeführt).

1. Phase 1949–1961 „Aufbau des Sozialismus“

1952 wird in der 1949 gegründeten DDR der „Aufbau des Sozialismus“ proklamiert. Die Staatspartei, die SED, beansprucht, die Künste anzuleiten: „Die Idee der Kunst muß der Marschrichtung des politischen Kampfes folgen“ (Ministerpräsident Otto Grotewohl, 1951). Der sozialistische Realismus gilt als verbindliches Gestaltungsprinzip. Nach sowjetischem Muster entstehen „Aufbau-Romane“, in denen der „positive Held“ als Sieger in der Auseinandersetzung mit dem rückschrittlichen Gegenspieler hervorgeht. Der befohlene Optimismus erzeugt eine lähmende Sterilität in der Schreibweise.

Berliner Ensemble

Herausragendes künstlerisches Ereignis: Gründung des Brecht-Ensembles in Ost-Berlin im Herbst 1949. Bertolt Brecht führt seine im Exil geschriebenen Stücke auf, 1949 ‚Herr Puntila und sein Knecht Matti‘. In der DDR spielt man seine Stücke nicht nach. Das von ihm erwartete große Schauspiel zum Aufbau des Sozialismus hat Brecht nie geschrieben.

1953–1956

Nach den Aufständen 1953 (DDR) und 1956 (Ungarn) sowie der proklamierten Entstalinisierung kurze Phasen der Öffnung für die Kunst: *Heiner Müllers* Schauspiel ‚Der Lohndrücker‘ (1956) stellt die Aktivistenbewegung kritisch dar. *Stefan Heyms* Roman ‚Fünf Tage im Juni‘, die Auseinandersetzung mit dem Aufstand 1953, durfte allerdings bis heute nicht in der DDR erscheinen.

---

7. 10. 1949 Gründung der DDR
17. 6. 1953 Aufstand in der DDR
28. 1. 1956 Eintritt der DDR in den Warschauer Pakt
1956 XX. Parteitag der KPdSU: Abrechnung mit Stalin durch Chruschtschow
Oktober 1956 Aufstand in Ungarn
13. 8. 1961 Bau der Mauer in Berlin

Bitterfelder Weg

1958 fordert Walter Ulbricht auf dem V. Parteitag der SED, die „Entfremdung zwischen Künstler und Volk zu überwinden", 1959 lädt der Mitteldeutsche Verlag Berufsschriftsteller sowie schreibende Arbeiter zu einer Konferenz nach Bitterfeld ein. Beschluß: Schriftsteller gehen in die Betriebe und arbeiten mit den Brigaden zusammen. Parole: „Greif zur Feder, Kumpel!" Es kommt jedoch nicht zur Entwicklung einer breiten Massenkultur.

2. Phase 1961–1971 Ankunft im Sozialismus

Einschneidendes Ereignis: der Bau der Berliner Mauer. Vorsichtige Liberalisierung nach dem Schock. *Erwin Strittmatter:* „Die Literatur der schreibenden Arbeiter ist den lesenden Arbeitern nicht zumutbar." Jetzt entstehende Werke sind durch individuelle Schreibweisen und vorsichtige Kritik (ohne grundsätzliche Infragestellung) des sozialistischen Aufbaus geprägt.

Autoren und Werke

Programmatischer Titel: *Brigitte Reimann* (1933–1973): ‚Ankunft im Alltag' (des Sozialismus) (Roman, 1961).
In den Lehrstücken Auseinandersetzung mit Bertolt Brecht:
Heiner Müller (*1929): ‚Der Bau' (Schauspiel, 1964). Thema: Probleme bei der Erziehung zur „sozialistischen Persönlichkeit" in der Produktion.
Peter Hacks (*1928): ‚Moritz Tassow' (Schauspiel, 1961). Thema: Bodenreform.
Erwin Strittmatter (*1912): ‚Ole Bienkopp' (Roman, 1963). Thema: Entwicklung sozialistischer Produktionsweise und eines sozialistischen Bewußtseins.
Christa Wolf (*1929): ‚Der geteilte Himmel' (Erzählung, 1963). Thema: Die Teilung Deutschlands, Situation kurz vor dem Mauerbau.
Hermann Kant (*1926): ‚Die Aula' (Roman, 1965). Thema: Der Lebensweg von Studenten, die nach 1945 an der „Arbeiter-und-Bauern-Fakultät" studieren.
Erik Neutsch (*1931): ‚Spur der Steine' (Roman, 1964). Thema: Aufbau des Sozialismus in der Stadt.
Johannes Bobrowski (1917–1965): ‚Levins Mühle' (Roman, 1964). ‚Mäusefest u. a. Erzählungen' (1965). ‚Boehlendorff u. a. Erzählungen' (1965). ‚Litauische Klaviere' (Roman, 1966). Thema ist der europäische Osten.
Lyriker: *Günter Kunert* (*1929), *Sarah Kirsch* (*1935), *Karl Mickel* (*1935).
Liedermacher *Wolf Biermann* (*1936): ‚Die Drahtharfe' (1965) sowie weitere Werke erscheinen nicht in der DDR. Die ältere Lyrikergeneration repräsentieren *Johannes Bobrowski* und *Peter Huchel* (1903–1981).

Harter Kurs ab 1965

Wegen einer „Ideologie des bürgerlichen Skeptizismus" werden u. a. *Wolf Biermann, Peter Hacks, Stefan Heym, Günter Kunert, Sarah Kirsch, Heiner Müller* und der Philosoph *Robert Havemann* öffentlich getadelt.

„Entfaltung der sozialistischen Nationalkultur"

Zur Unterbindung direkter Kontakte zu Verlagen in der Bundesrepublik wird ein „Büro für Urheberrechte" in Ost-Berlin eingerichtet.
Trotz des staatlichen Drucks zunehmende Differenzierung in Thematik und Form. Auch das Alltägliche, Private erscheint in der Literatur.

Textbeispiel

Anna Seghers: Vor dem Schriftstellerverband der DDR (1966, Ausschnitt)
[...] Man kann sagen, daß die Menschen in diesem Land durch ihre Arbeit darstellen, wer sie sind. Und die Arbeit des Schriftstellers kommt aus der Gesellschaft und wirkt auf die Gesellschaft zurück wie jede andere. [...]

Autoren und Werke

Jurek Becker (*1937): ‚Jakob der Lügner' (Roman, 1968). Thema: Überleben im Warschauer Ghetto.
Günter de Bruyn (*1926): ‚Buridans Esel' (Erzählung, 1968). Thema: Verhaltensweisen, menschliche Unzulänglichkeiten im Alltag.
Stefan Heym (*1913): ‚Die Schmähschrift oder Königin gegen Defoe' (1970, nicht in der DDR). Thema: Gefährdete Situation eines Schriftstellers in der Diktatur.
Christa Wolf (*1929): ‚Nachdenken über Christa T.' (Roman, 1968). Thema: Mögliches 'Nichtankommen' im Sozialismus.
Volker Braun (*1939): ‚Die Kipper' (Schauspiel, 1966/67/72). Thema: Der einzelne und das Kollektiv in der Produktion.

3. Phase seit 1971 „postrevolutionäre" Situation

SED-Chef Erich Honecker auf dem VIII. Parteitag: „Wenn man von der festen Position des Sozialismus ausgeht, kann es meines Erachtens auf dem Gebiet der Kunst und Literatur keine Tabus geben."
Beispiele für den neuen Spielraum:
Ulrich Plenzdorf (*1934): ‚Die neuen Leiden des jungen W.' (Erzählung und Theaterfassung, 1972). ‚Die Legende von Paul und Paula' (als Filmerzählung 1974).
Stefan Heym: ‚Der König-David-Bericht' (Roman, 1973). Thema: Legitimität staatlicher Macht, projiziert in die biblische Vergangenheit.
Volker Braun: ‚Hinze und Kunze' (Schauspiel, 1973). Thema: Kritik an den Unzulänglichkeiten sozialistischer Produktionsweise.
Irmtraud Morgner (*1933): ‚Leben und Abenteuer der Trobadora Beatriz' (Roman, 1974). Thema: Stellung der Frau früher und in der DDR.
Brigitte Reimann: ‚Franziska Linkerhand' (Roman, 1974). Thema: Eine berufstätige Frau in der sozialistischen Gesellschaft.
Volker Braun: ‚Unvollendete Geschichte' (Erzählung, 1975). Thema: Grundsätzliche Zweifel junger Menschen an der von den „Vätern" bestimmten DDR.

1976 Ausbürgerung Biermanns

Erneute Verschärfung des kulturpolitischen Kurses: Wolf Biermann darf nach seiner Tournee in die Bundesrepublik nicht in die DDR zurückkehren. Zahlreiche Künstler protestieren und werden gemaßregelt, einige von ihnen übersiedeln später in die Bundesrepublik, u. a. *Jurek Becker, Sarah Kirsch, Günter Kunert.*
In der Literatur weiterhin kritische Sicht des Alltags im Sozialismus und der Vergangenheit, die 1945 nicht 'bewältigt' zurückblieb, sondern noch das Verhalten der DDR-Bürger bestimmt.

Textbeispiel

Wolf Biermann (1968)

Es senkt das deutsche Dunkel
Sich über mein Gemüt
Es dunkelt übermächtig
In meinem Lied

Das kommt, weil ich mein Deutschland
So tief zerrissen seh
Ich lieg in der beßren Hälfte
Und habe doppelt Weh

Autoren und Werke

Heiner Müller: ‚Germania Tod in Berlin' (Schauspiel, 1976): Gegenüberstellung von Szenen der Zeit zwischen 1919 und 1945 und solchen aus dem Alltag der DDR.
Christa Wolf: ‚Kindheitsmuster' (Roman, 1976). Thema: Auseinandersetzung mit der nationalsozialistischen Vergangenheit.
‚Kassandra' (Erzählung, 1983). Thema: Was macht Menschen zu kriegsbereiten „Helden"?
Jurek Becker: ‚Schlaflose Tage' (Roman, 1978, Bundesrepublik), und
Erich Loest (*1926): ‚Es geht seinen Gang oder Mühen in unsere Ebene' (Roman, 1978): Alltag und alltägliche Menschen in der DDR. ‚Durch die Erde ein Riß' (Autobiographie, 1981).
Günter de Bruyn: ‚Märkische Forschungen' (Erzählung, 1978). Thema: Suchen nach geschichtlicher Wahrheit, gegen Geschichtsklitterung.
Stefan Heym: ‚Collin' (Roman, 1979). Thema: Schuldhaftes Versagen und Verfolgungen der Vätergeneration in den Anfängen der DDR. ‚Ahasver' (Roman, 1981). Thema: Der ruhelos wandernde Jude als Mittelpunktsfigur einer phantasievollen und satirischen Betrachtung früherer Jahrhunderte und der Gegenwart.

Textbeispiele

Christa Wolf: Der geteilte Himmel (1963, Ausschnitt)

[...] Sie gingen die Straße hinunter bis an einen großen runden Platz, der, fernab vom Verkehr, um diese Zeit fast einsam war. Sie blieben an seinem Rand stehen, als scheuten sie sich, seine Ruhe zu verletzen. Eine merkwürdige, aus vielen Farben gemischte Tönung, die über dem Platz lag, lenkte ihre Blicke nach oben. Genau über ihnen verlief, quer über dem großen Platz, die Grenze zwischen Tag- und Nachthimmel. Wolkenschleier zogen von der schon nachtgrauen Hälfte hinüber zu der noch hellen Tagseite, die in unirdischen Farben verging. Darunter – oder darüber? – war Glasgrün, und an den tiefsten Stellen sogar noch Blau. Das Stückchen Erde, auf dem sie standen – eine Steinplatte des Bürgersteigs, nicht größer als ein Meter im Quadrat –, drehte sich der Nachtseite zu.
Früher suchten sich Liebespaare vor der Trennung einen Stern, an dem sich abends ihre Blicke treffen konnten. Was sollen wir uns suchen?
„Den Himmel wenigstens können sie nicht zerteilen", sagte Manfred spöttisch. Den Himmel? Dieses ganze Gewölbe von Hoffnung und Sehnsucht, von Liebe und Trauer? „Doch", sagte sie leise. „Der Himmel teilt sich zuallererst." [...]

Wolf Biermann: Und als wir ans Ufer kamen (1978)

Und als wir ans Ufer kamen
Und saßen noch lang im Kahn
Da war es, daß wir den Himmel
Am schönsten im Wasser sahn
Und durch den Birnbaum flogen
Paar Fischlein. Das Flugzeug schwamm
Quer durch den See und zerschellte
Sachte am Weidenstamm
– am Weidenstamm

Was wird bloß aus unsern Träumen
In diesem zerrißnen Land
Die Wunden wollen nicht zugehn
Unter dem Dreckverband
Und was wird mit unsern Freunden
Und was noch aus dir, aus mir –
Ich möchte am liebsten weg sein
Und bleibe am liebsten hier
– am liebsten hier

Grundbegriffe der erzählenden Literatur

Epik	Abgeschlossene, vergangene Begebenheiten werden vom Standpunkt eines Erzählers aus wiedergegeben. Formen: Epos, Roman, Novelle, Fabel, Parabel, Märchen, Sage, Kurzgeschichte.
Epos	Verserzählung; von einem Rhapsoden (Erzähler) vorgetragen. Beginn und Höhepunkt im 8. Jh. v. Chr.: Homer: ‚Ilias‘, ‚Odyssee‘. Im Mittelalter Heldenlieder und höfisches Epos.
Roman	Epische Großform in Prosa. Meist umfassend angelegte Darstellung von Einzel- oder Familienschicksalen. Stetige Entwicklung von innerer und äußerer Handlung. Vielfalt der Möglichkeiten: Abenteuerroman (Cervantes: ‚Don Quichote‘), Bildungsroman (G. Keller: ‚Der grüne Heinrich‘), Briefroman (Goethe: ‚Werther‘), Künstlerroman (Rilke: ‚Malte‘), Schlüsselroman (Th. Mann: ‚Buddenbrooks‘), psychologischer Roman (Th. Mann: ‚Der Zauberberg‘).
Novelle	'Dramatische' Erzählung um eine „unerhörte Begebenheit“ (Goethe). Nach Paul Heyse: strenge, geschlossene Form, zielgerichtete Durchführung, konzentriert auf ein Dingsymbol (ein immer wieder auftauchender Gegenstand, z. B. der „Falke“ in Boccaccios ‚Decamerone‘, oder eine entsprechende Situation, z. B. bei Kleist ‚Das Bettelweib von Locarno‘; Storm ‚Der Schimmelreiter‘).
Kurzgeschichte	Seit etwa 1920 amerikanische „short story“ (Hemingway): punktuell ausschnitthafte, ein Geschehen schlaglichtartig darstellende Erzählweise mit offenem Anfang und häufig offenem Schluß, mit 'anonymen', nicht individuell charakterisierten Personen. Seit 1945 in Deutschland eingebürgert, hier stärkere Durchstrukturierung, Rückgriff auf novellistische Leitmotive und auf Metaphorik. Einfluß von Kafka in vielen gleichnishaften, parabolischen Texten: Aufhebung der Kausalität von Ort und Zeit, Überschneidung von Realität und Irrealität, Neigung zum Absurd-Grotesken.
Erzähler	Vermittler des epischen Geschehens an den Leser aus einer bestimmten Perspektive und Erzählhaltung.
auktoriale Erzählhaltung	'Allwissender' Erzähler, der einen souveränen Überblick über Schicksal und Handlungsablauf hat, vorausdeutet, kommentiert, innere Gesetzmäßigkeiten aufdeckt, den Sinn des Geschehens nennt – Kennzeichen des seit Ende des 18. Jh.s weit verbreiteten Romans.
personale Erzählhaltung	Darstellung aus dem Blickwinkel einer Romanfigur, scheinbar sich selbst erzählender Text, ohne Eingreifen eines Erzählers, ohne Kommentar.
Ich-Erzählhaltung	Sehr häufig in der Gegenwartsliteratur: Ein Ich erzählt selbst, gibt Ereignisse als vermeintlich selbsterzählt wieder. Subjektive Perspektive als Abgrenzung zur epischen 'Allwissenheit'.
innerer Monolog	Wiedergabe unausgesprochener Gedanken, Assoziationen einer Person; unmittelbare Identifikation von Leser und Figur (u. a. seit Joyce: ‚Ulysses‘, 1922).
erlebte Rede	Formale Gestaltung der Gedanken einer Person aus der Perspektive des eigenen Bewußtseins (Mischung aus direkter und indirekter Rede).
erzählte Zeit	Zeitraum, über den sich die erzählte Handlung erstreckt.
Erzählzeit	Zeitspanne, die Wiedergabe oder Lesen eines epischen Textes ausmacht.

Drama

Szenisch-theatralische Form; die Handlung entfaltet in Dialog und Monolog einen Konflikt und bedarf zur Realisierung des Publikums und der Bühne. Anfänge in Gesang und Tanz des Dionysos-Kults in der griechischen Antike. Möglichkeiten: Handlungsdrama, Charakterdrama, Raum- oder historisches Drama.

Tragödie

Im Zentrum steht der Wertekonflikt des Helden mit dem Schicksal (Ödipus, Wallenstein), einer anderen sittlichen Macht (‚Die Räuber'), einem Charakter (Maria Stuart), einer Intrige (‚Kabale und Liebe'), einem Aufeinandertreffen gleichrangiger Werte (Antigone), der Konflikt mit dem Göttlichen (Faust). Funktionen nach Aristoteles: Auslösung von Furcht (Schauder) und Mitleid (Jammer) und Läuterung (Katharsis) dieser Affekte. Ursprünglich Wechselgesang zwischen Chorführer und Chor, später Hinzufügen weiterer Schauspieler (Aischylos, Sophokles, Euripides).

Komödie

Im Gegensatz zur Tragödie Lösung der Konflikte in heiter-amoralischer Gelassenheit; im Zentrum steht die menschliche Unzulänglichkeit. Möglichkeiten: Situationskomödie (‚Der zerbrochne Krug'), Charakterkomödie (‚Minna von Barnhelm'). Begriff zunehmend von 'Lustspiel' ersetzt.

Aufbau (Zieldrama)

Seit Aristoteles Einteilung in Exposition, Peripetie (plötzliches Umschlagen), Katastrophe. Nach G. Freytag Exposition, erregende Momente, Höhepunkt, retardierende Momente, Katastrophe – entspricht dem Aufbau in 5 Akte des Zieldramas (Ziel = Katastrophe).

(analytisches Drama)

Vor allem für das im Naturalismus bevorzugte analytische Drama, das ein Geschehen voraussetzt und nachträgliche, schrittweise Enthüllung zeigt (‚Die Ratten'), gilt Freytags Definition nur bedingt.

aristotelische Einheiten

Von Aristoteles formulierte dramaturgische Grundregel der Einheit des Ortes, der Zeit (24 Stunden) und der Handlung. Aus dem Bemühen des griechischen Theaters um Konzentration entstanden, im französischen Klassizismus zur unabdingbaren Forderung erhoben, von Shakespeare und im Sturm und Drang durchbrochen, im modernen Drama vielfach wieder eingesetzt (‚Die Physiker').

Dialog

Wechselrede zwischen zwei oder mehreren Personen. Kunstmittel zur Entfaltung von Handlung und Charakter.

Monolog

Selbstgespräch. Als epischer Monolog Beschreibung nicht darzustellender Situationen, als betrachtender Monolog deutender Kommentar (in der Funktion ähnlich dem griechischen Chor), als Konflikt-Monolog um Entscheidung ringendes Selbstgespräch auf dem Höhepunkt der Handlung.

Botenbericht

Bericht eines von außen kommenden Boten von auf der Bühne nicht darstellbaren, für die Handlung wichtigen Vorgängen.

Teichoskopie

griech. = Mauerschau. Zur Erweiterung des Bühnenschauplatzes: ein parallel ablaufendes, für den Zuschauer nicht sichtbares Geschehen spiegelt sich in der Reaktion der Beobachtenden.

episches Theater

Von Brecht ausgearbeitete Dramaturgie im Gegensatz zum aristotelisch-dramatischen Illusionstheater: dialektisch, distanziert, beurteilend. Der Zuschauer soll sich nicht identifizieren, sondern in kritischer Distanz für sich entscheiden und handeln. Hilfsmittel: Verfremdung.

Grundbegriffe der Lyrik

Vers
Die aus mehreren Wörtern oder Silben gebildete Einheit (Zeile), geordnet durch Metrum bzw. Rhythmus.

Metrum (Versfuß), Metrik
Versmaß als metrisches Gesetz des Aufbaus eines Gedichts; Versfuß als Betonungseinheit. Das antike Versmaß mißt nach Längen und Kürzen der Silben, die germanischen Sprachen zählen nach ‘Hebungen’ und ‘Senkungen’ = betonten und unbetonten Silben.
Die wichtigsten Versfüße (Betonungsmöglichkeiten) sind:

Jambus
xx́ (unbetont-betont), mit steigendem Rhythmus, schwungvoll-lebendig: Es schlúg mein Hérz, geschwínd zu Pférde (Goethe: ‚Willkommen und Abschied‘).

Trochäus
x́x (betont-unbetont), mit fallendem Rhythmus: Gólden wéhn die Tṓne níeder (Brentano: ‚Abendständchen‘).

Anapäst
xxx́ (unbetont-unbetont-betont), taktmäßig: Wie mein Glǘck, ist mein Léid (Hölderlin).

Daktylos
x́xx (betont-unbetont-unbetont), flüssig erzählendes Metrum, vor allem im Epos: Háb ich den Márkt und die Stráßen … (Goethe: ‚Hermann und Dorothea‘).

Aus diesen Versfüßen entwickeln sich Formen der Verszählung, z. B.:

Hexameter
Vers aus 6 Daktylen: Ságe mir Múse, die Táten des víelgewánderten Mánnes (Homer: ‚Odyssee‘).

Alexandriner
zwölfsilbiger Vers mit 6 Jamben, durch eine Pause (Zäsur) in zwei gleiche Hälften geteilt. Vor allem im Barock gebräuchlich:
Der schnélle Tág ist hín, / die Nácht schwingt íhre Fáhn (Gryphius: ‚Abend‘).

Blankvers
fünfhebiger Jambus ohne Reim, bestimmt das Shakespeare-Drama und das deutsche Drama seit Lessing.
Vor gráuen Jáhren lébt’ ein Mánn im Ósten (Lessing: ‚Nathan der Weise‘).

Enjambement
Zeilensprung, Übergreifen des Satzes und Sinnes auf die nächste Zeile/Strophe.

Reim, Reimschema
Seit Mitte des 18. Jh.s Endreim = Gleichklang der Abschlußwörter mehrerer Verszeilen vom letzten betonten Vokal an. Verbindung der Zeilen zu Sinn- und Klangeinheiten. Paarreim: a a b b, Kreuzreim a b a b, umgreifender oder verschränkter Reim a b b a, Schweifreim a a b c c b, Binnenreim (Gleichklang mehrerer Wörter innerhalb der Verszeile), Schlagreim (Gleichklang zweier aufeinanderfolgender Wörter).

Kadenz
Abschluß (meist Reimwort) einer Zeile. Einsilbige (männliche, stumpfe) Kadenz: Nacht – Macht, mehrsilbige (weibliche, klingende) Kadenz: Bäume – Träume.

Alliteration
Gleicher Anlaut mehrerer Wörter (germ. Stabreim): in allen Büschen und Bäumen.

Assonanz
Gleichklang der Vokale vom letzten Akzent an: Reigen – leiden.

Rhythmus
Im Gegensatz zum ‘meßbaren’ metrischen Schema eines Verses die sich aus dem Sinngehalt ergebende Betonung, z. B. steigernd-fallend, drängend-verweilend usw.

Strophe

Verbindung mehrerer Verszeilen zu einer geschlossenen Einheit, meist Sinnabschnitt, in der modernen Lyrik eher ‘Atemeinheit’. – Strophen- und Gedichtformen:

antike Strophe

Antike Strophen werden nach der Anzahl der in ihr enthaltenen Verse benannt (z. B. Distichon – Zweizeiler), kompliziertere Gebilde nach dem antiken Vorbild (z. B. sapphische Strophe nach der Dichterin Sappho auf Lesbos).

Minne- und Meistersangstrophe

Aufgesang (2 gleichgebaute Strophenteile = Stollen) und Abgesang (oft Refrain):
Under der linden / an der heide, / dâ unser zweier bette was, ... (Walther von der Vogelweide).

Volksliedstrophe

Schlichte Form, vierzeilig, dreihebiger Jambus mit einfachem Kreuzreim, häufig in der Romantik verwendet.

Sonett

14 Zeilen zu 11 Silben, bestehend aus Aufgesang (2 vierzeilige Quartette mit Reimschema a b b a a b b a) und Abgesang (2 dreizeilige Terzette, urspr. mit Reimschema c d c d c d, dann vielfach variiert). Die strenge Form reizte im Laufe der Jahrhunderte zu jeweils neuer Ausfüllung, z. B. bei Michelangelo, Gryphius, Goethe, Heine, Mörike, Rilke, George, Trakl.

Ode

griech. = Lied, Gedicht. In der Neuzeit lyrische Form des Weihevollen, Pathetisch-Feierlichen (Oden Klopstocks; s. a. Psalmen Davids in der Bibel).

Hymne

griech. Hymnos = Lobgesang. Zunächst feierlicher Preisgesang für Götter und Helden; von Klopstock neu gestaltet in freien Rhythmen und vor allem religiösen Themen. Hymnen des jungen Goethe (‚Mahomets Gesang‘), Hymnen Hölderlins; Novalis: ‚Hymnen an die Nacht‘.

Elegie

Klagend-entsagende, wehmutsvolle lyrische Form; meist Themen des Todes, der Trennung, des Verlustes, des Verzichts (Goethe: ‚Marienbader Elegie‘; Hölderlin: Elegien; Rilke: ‚Duineser Elegien‘).

Ballade

ital. ballata = Tanzlied. Im 14./15. Jh. bei den französischen Troubadours ein kurzes, strophisches Lied zum Tanz. Erst in England als „ballad“ in heutiger Bedeutung: ‘dramatisches’ Gedicht mit einem ungewöhnlichen, oft tragischen Geschehen im Zentrum. In Deutschland seit 1770 als Begriff und Form heimisch. Meist dialogische Grundstruktur, oft an historischen Ereignissen orientiert (G. Bürgers ‚Lenore‘ als erste deutsche Kunstballade; dann Goethe, Schiller, Brentano, Uhland, Mörike, Heine, Droste-Hülshoff, Platen, Meyer, Fontane; Brecht schreibt im Bänkelsangton).

Motiv

Die kleinste bedeutsame Einheit des Sehens und Erlebens (z. B. Herbst, Rose).

lyrisches Bild

Ausschnitt aus der Wirklichkeit (Bild der Rose, des Baumes, des Vogels), erfahren und reflektiert durch das lyrische Ich.

Metapher

Erscheint zunächst wie ein um das „wie“ verkürzter Vergleich; ein Begriff wird aus seinem ursprünglichen Bereich gelöst und auf einen anderen übertragen (Meer des Lebens, Blume des Todes). Vor allem in der modernen Lyrik Bezeichnung für das geheimnisvolle Zeichen, die verschlüsselte Bedeutung, die ungewöhnliche Metapher, die entschlüsselt, ‘dechiffriert’ werden muß.

Namenverzeichnis

Namenverzeichnis